EL EXTRAÑO CASO DE ROSE RAMIRES

LA DOBLE PERSONALIDAD

EDGARD ARMOND

Traducción al Español:
J.Thomas Saldias, MSc.
Lima, Perú, Mayo 2024

Título Original en Portugués:

"O Estranho Caso de Rose Ramires"

© Edgard Armond, 1969

Traducido al Español de la 4ª Edición Portuguesa, 1982

Cover: *Russian officer in the war of 1812 with female peasant. Generated with Leonardo.IA*

World Spiritist Institute

Houston, Texas, USA

E – mail: contact@worldspiritistinstitute.org

Del Autor

El 14 de junio de 1894 nació Edgar Pereira Armond en Guaratinguetá, en el Valle de Paraíba, Estado de São Paulo. De familia humilde, Armond, a los 21 años, ingresó a la Fuerza Pública de São Paulo, donde inició la carrera que le daría el título con el que se le conoce hasta el día de hoy: "Comandante".

Comenzó a estudiar y trabajar en el Espiritismo, trabajando junto al famoso médium Dr. Luiz Parigot de Souza, de Paraná. También participó de un grupo de estudios y prácticas espiritistas por invitación de Canuto de Abreu, visitando varios Centros Espíritas privados que se dedicaban exclusivamente a la práctica de trabajos con efectos físicos, en las afueras de la capital.

Como escritor, fue un profundo estudioso de los fenómenos psíquicos y conocedor de amplios recursos sobre el tema de la Mediumnidad. Escribió una serie de 21 libros de texto, la mayoría de los cuales estaban destinados a las Escuelas que creó y los demás a la Fraternidad de los Discípulos de Jesús.

En 1950, cumpliendo el programa establecido con el plan espiritual, el Comandante creó la Escuela de Aprendices del Evangelio, para que a través de estudios guiados, las criaturas pudieran aprender el Evangelio y no sólo memorizarlo. Edgar también crea el Curso de Médiums, con el objetivo de mejorar los intercambios con el mundo espiritual y la Fraternidad de los Discípulos de Jesús, que debe funcionar como un organismo de agrupación de trabajadores en el campo religioso.

En 1973 fundó la Alianza Espírita Evangélica y a partir de 1980 asesoró la fundación del Sector III de la Fraternidad de los

Discípulos de Jesús, continuando la Expansión del Espiritismo Religioso.

El 29 de noviembre de 1982, a las 4:30 horas, falleció el Comandante Edgar Armond en el Hospital Osvaldo Cruz, de la ciudad de São Paulo, con ochenta y ocho años de vida activa a favor de la Doctrina Consoladora de los Espíritus. Su forma dinámica de ser y su noble ideal nos dan la certeza de que el Comandante permanece plenamente activo en la Obra Redentora.[1]

---

[1] Fuente: http://www.cairbar.com.br/grupo/pagina-15-earmond.htm

Del Traductor

Jesus Thomas Saldias, MSc., nació en Trujillo, Perú.

Desde los años 80's conoció la doctrina espírita gracias a su estadía en Brasil donde tuvo oportunidad de interactuar a través de médiums con el Dr. Napoleón Rodriguez Laureano, quien se convirtió en su mentor y guía espiritual.

Posteriormente se mudó al Estado de Texas, en los Estados Unidos y se graduó en la carrera de Zootecnia en la Universidad de Texas A&M. Obtuvo también su Maestría en Ciencias de Fauna Silvestre siguiendo sus estudios de Doctorado en la misma universidad.

Terminada su carrera académica, estableció la empresa *Global Specialized Consultants LLC* a través de la cual promovió el Uso Sostenible de Recursos Naturales a través de Latino América y luego fue partícipe de la formación del **World Spiritist Institute**, registrado en el Estado de Texas como una ONG sin fines de lucro con la finalidad de promover la divulgación de la doctrina espírita.

Actualmente se encuentra trabajando desde Perú en la traducción de libros de varios médiums y espíritus del portugués al español, habiendo traducido más de 310 títulos, así como conduciendo el programa "La Hora de los Espíritus."

Índice

DOS PALABRAS 9
PREFACIO 10
CAPÍTULO I 13
   Niña Rose 13
CAPITULO II 18
   Encantos de la juventud 18
CAPÍTULO III 25
   Escaramuzas de amor 25
   Prejuicio 30
   Los Dos Amigos 38
CAPÍTULO IV 48
   Indicios extraños 48
   En el umbral de la crisis 55
   En la mente más grande 59
CAPÍTULO V 65
   La Invasión 65
   Prisionera de guerra 77
CAPÍTULO VI 83
   Hermana Catalina 83
CAPÍTULO VII 92
   Samarcanda 92
   Últimos Días 106
CAPÍTULO VIII 116
   Otra vez Rose 116

    El Despertar 122

    La historia, al fin 131

    Definiciones 135

EPÍLOGO 145

CONCLUSIÓN 147

Nombres de los personajes en este libro son ficticios.

Amparemos el respetable libro que es la luz de hoy; sin embargo, ayudemos y difundamos, en la medida de lo posible, el libro espírita, que es luz de hoy, de mañana y de siempre.

Emmanuel

DOS PALABRAS

En la práctica espírita surgen a veces problemas difíciles de identificar.

La doble personalidad es una de ellas. Constituye un capítulo fascinante, raramente publicitado; y, poco accesible para mentes menos preparadas, son los casos en los que este fenómeno se produce realmente. Aquí narramos uno de ellos, extraído de la lista de los que recordamos. Y utilizamos la forma romantizada para, en cierto modo, escapar de la monotonía y hacer la lectura más atractiva y sugerente.

El autor.

São Paulo, septiembre de 1969

PREFACIO

El nombre de Edgard Armond ya se hizo conocido en todo Brasil e incluso más allá de las fronteras, a través de los innumerables libros ya publicados, todos ellos abordando temas de relevante interés y actualidad incuestionable.

El ilustre autor de *"Los Exiliados de Capela"*, lanza ahora esta obra de gran valor, que involucra aspectos del palpitante fenómeno espiritualista de la doble personalidad, y lo hace de una manera sencilla y accesible para todos los niveles del intelecto.

Penetrando en el terreno relativamente inexplorado de este tipo de fenómenos, el autor relata las experiencias de Rose Ramires, una joven brasileña que revive vívidamente fases de su vida en el último siglo, cuando, en la Rusia zarista, con motivo de la invasión napoleónica, vivía bajo el nombre de Katia.

Rose Ramires, oprimida por la incomprensión de sus padres, que por razones de desigualdad social rechazan su acercamiento a dos jóvenes estudiantes, se amarga hasta el punto de caer en trances prolongados, cuando comienza a revivir las aventuras de una vida salpicada de dificultades. Vivió como Katia, en esa vieja nación europea, donde, bajo otras formas y otras condiciones, tuvo la oportunidad de conocer a esos mismos jóvenes y otros personajes que conviven con ella en la vida que ella llama Rose Ramires.

El autor dilucida los fenómenos del desarrollo, caracterizados por las diferencias fundamentales entre ellos, explicando que en este sector existen cuatro modalidades más comunes: bilocación, bicorporiedad, personalidad dual y regresión de la memoria.

La primera ocurre cuando un espíritu se manifiesta en dos lugares diferentes simultáneamente; el segundo cuando un espíritu encarnado se manifiesta en dos cuerpos diferentes, aquí o en otro lugar; la tercera cuando el espíritu encarnado se manifiesta con diferentes personalidades, en diferentes épocas, a veces como una persona, a veces como otra, con características y maneras diferentes a las que le son propias; el cuarto cubre los fenómenos psíquicos, según los cuales, la mente, bajo la influencia de una fuerza extraña – magnético– hipnótica – consigue extraer algo del subconsciente, llevándolo a la superficie del consciente; es decir, provocando un retroceso en la mente del médium.

El caso específico de Rose Ramires entra en la tercera categoría, ya que se manifiesta con diferentes personalidades, que vivieron en diferentes épocas y con diferentes características. Katia era una campesina pobre, cuya vida se convirtió en una sucesión de dolores y vicisitudes, pues perdió a su madre a temprana edad, y luego fue privada de la convivencia de su padre y su esposo, experimentando aun los rigores de una guerra sin gloria con todos los su procesión de consecuencias desastrosas.

Rose Ramires, por su parte, era hija de una familia acomodada, teniendo ante sí todas las posibilidades de superación intelectual, aunque revelaba, en estado latente, tendencias que Katia demostraba poseer.

El Espiritismo consagra los fenómenos de la doble personalidad entre las diversas formas que constituyen el marco mediúmnico, lo que constituye uno de sus postulados fundamentales. El tema ha sido objeto de exhaustivos estudios y muchas figuras espirituales del pasado se han preocupado por él, intentando todos ellos quitarle el aspecto milagroso y tratar de colocarlo en el lugar que le corresponde. La parapsicología también avanza en la misma dirección y todo hace pensar que esta nueva ciencia contribuirá significativamente a la tarea de develar el velo que hasta ahora cubre este tipo de manifestaciones. No sabemos qué más apreciar en el libro, si la forma clara en la que se relatan los hechos, o las enseñanzas que pretenden dilucidar un relevante problema actual, que, a lo largo de muchos siglos, ha desafiado al ser humano, como dicen los estudiosos, este es el siglo en el que el hombre llegó a la Luna, pero que solo en el próximo será posible penetrar en sí mismo.

Paulo Alvés Godoy

CAPÍTULO I
Niña Rose

El consultorio del doctor Fernando Mendes, esa tarde, estaba lleno de clientes esperando turno hojeando revistas arrugadas y sucias; y ninguno se alegró cuando la señora, acompañada de una muchacha, entró y fueron atendidos inmediatamente.

– Este es un caso urgente, explicó la enfermera a cargo, notando el descontento general.

– Pero también somos casos urgentes – respondió un cliente de mediana edad, con el rostro demacrado, ojos y gestos febriles.

– Es la cita de ayer – respondió la enfermera, que solo hoy podría ser atendida con prioridad.

La señora que asistió con preferencia fue Roberta Ramires, esposa del rico industrial Valentino Ramires; llevaba a su primogénita Rose, de cuatro años, rubia, menuda, de ojos azules y piel pálida.

– No me digan que Rose está enferma – dijo el médico mientras las hacía pasar.

– No sé qué decir, doctor. Fernando; por eso vine a consultarte.

– ¿Qué pasa entonces?

– De repente se quedó en silencio, está somnolienta, ausente, abandonada.

– Examinémosla; no será nada grave – dijo el médico mientras las conducía a la sala de exploración.

Mientras examinaba, habló con la niña sobre diferentes temas, intercalando preguntas aclaratorias.

– Además doctor, ella tiene pesadillas y a veces grita, llora y se despierta un poco asustada, sin saber por qué.

– Doña Roberta; si tu niña come bien, como he visto, duerme bien, estudia con normalidad, juega con normalidad, no es de extrañar que tenga pesadillas de vez en cuando; o, por comer demasiado en la cena, o por un temperamento más sensible, o por quedar impresionada por algo.

– Pero siempre vigilo, Doctor, no la dejo comer demasiado antes de dormir y evito cosas que puedan asustarla; ella realmente tiene mucha sensibilidad; pero ¿de qué viene esto?

– Muchos factores para examinar en oportunidades; por ejemplo, la herencia, que puede dar una constitución nerviosa más delicada, defectos psíquicos, etc.

– ¿Taras? ¿Qué taras? Sabes que Walli y yo estamos cuerdos.

– Como médico de familia sé que lo son, pero me refiero a defectos psíquicos, que no son del cuerpo físico, sino del espíritu.

– No sé a qué te refieres; ¿Quizás defectos de carácter?

– Tampoco; no de carácter moral, sino de constitución psíquica.

– No entiendo lo que dices.

– Y no te preocupes por eso; no es nada importante, explicó el médico, temiendo haber ido demasiado lejos.

– Si te refieres a rarezas, ella tiene algunas, no hay duda.

– Veamos cuáles son.

– Es diferente a las demás niñas, incluso cuando juega; solo se conforma con jugar con muñecas, con las que habla durante horas seguidas, ríe, llora, discute, como si todo fuera real.

– Ven aquí otra vez, Rose – llamó a la chica que miraba por la ventana, con las manos aferradas a la barandilla y que tenía dificultades para responder.

– ¿Qué mirabas con tanto interés, agarrada así al alféizar?

– Allá abajo la gente se vuelve diminuta – dijo – , y algo nos empuja a mirar y seguir mirando. Quedé con miedo.

– ¿Siempre te pasa eso, tener miedo a las cosas?

– No señor; hoy pasó, pero me agarré al alféizar y no quise saltar.

– ¿Saltar? ¿A dónde Rose? – Intervino Roberta, nerviosa –. ¿Por qué saltar?

– Es lo que nos atrae mamá.

– ¿Qué, niña, habla correctamente?

– No lo sé, es algo que tiene fuerza y no veo qué es.

Entonces el médico intervino para calmarla.

– Responde, Rose, a lo que te voy a preguntar: ¿te gusta la escuela?

– No me gusta.

– ¿Por qué no te gusta? Es una buena escuela, lo sé.

– ·Las chicas están muy convencidas; solo hablan grandezas.

– ¿Convencidas de qué? Tu posición social es tan buena como la de ellas. ¿Qué hacen para que no te gusten?

– Quieren que haga lo que ellas hacen y piense como ellas piensan. Todo es lo mismo. Cuando no hacemos lo que ellas quieren, gritan enojadas, abren mucho los ojos y maldicen; no me gusta, me hace mal.

– ¿Qué es lo que más te gusta?

– Los libros y las muñecas. Con estos me quedo tranquila porque no me molestan.

– ¿Cómo se llaman tus muñecas? ¿Cuántas tienes?

– Cuatro: Marita, que tiene ojos verdes y duerme por nada; es muy buena, pero muy suave. La Criatura, también buena; tiene los ojos negros, saltones, es triste; siempre es así, temerosa de todo; y Blanca, que es la que más me gusta, porque es la hija que más se parece a mí. ¡Oh! Me olvidé de Romilda; ésta siempre va vestida de amarillo y dice que nació en el Sol; su cabello es del color del sol y cuando sonríe no puedo evitarlo y me siento muy feliz.

– Pero, ¿por qué dices que Blanca es quien más te gusta? - Preguntó el médico que ya estaba muy interesado en la conversación.

– Porque es rubia como yo y tiene ojos azules.

– ¿Y Romilda no tiene también el cabello dorado como el Sol?

– Sí, pero sus ojos son muy fuertes y no dejan de mirarme y a veces me asusto; pero pronto pasa cuando ella sonríe y nos invita a ir a la Playa Dorada; ella va conmigo al frente y las demás me siguen. Siempre es así, no sé por qué.

– Nunca había oído hablar de esta playa, Rose. ¿Dónde queda? ¿Me llevarás allí?

– No sé el camino, pero Romilda sí y hablaré con ella.

– Dr. Fernando - interrumpió Roberta -, ya nos hemos demorado demasiado; hay mucha gente esperando.

El médico respondió, pero de mala gana. Era un soltero de mediana edad y amaba a los niños.

– Tienes razón al encontrar todo muy exagerado doña Roberta, pero es un placer hablar con Rose. Incluso me dio un poco de descanso.

– Pero, ¿qué me aconsejas?

– Deja que la niña crezca y dale la libertad de vivir como quiera: es una niña como cualquier otra, pero más sensible y menos superficial. Tiene su propio mundo privado al que nosotros, los mayores, no podemos entrar. Es eso doña Roberta: no podemos entrar, eso sí, a menos que nos convirtamos en niños como ella. Pero no te dejes impresionar. Los niños hasta los siete años aun no están bien integrados en el sistema orgánico y el entorno externo; viven más allá que aquí. Por eso hay muñecas que hablan, ríen y lloran como las de los cuentos de hadas... Blanca es un hada amable y suave y Romilda es otra, pero más autoritaria y encabeza la pandilla... Es solo eso.

Y mientras las acompañaba hasta la puerta, repitió una vez más:

- Deja que Rose viva como quiera y no interfieras en sus amistades, en su maravilloso y hermoso mundo.

Pero cuando la puerta se cerró, sacudió la cabeza pensativamente, diciéndose:

- "Sé que este caso va mucho más allá de lo común; va mucho al lado psíquico; yo sé eso...
Es bueno examinar esta niña Rose de vez en cuando."

Pero poco después recordó un punto que había olvidado. Hizo una llamada a la casa de Roberta y, cuando ella respondió, preguntó:

– ¿Las cuatro muñecas Rose las regalaste tú misma?

– No, Doctor, solo hay dos: Marita y la Criatura; las demás están en su cabeza.

CAPITULO II
Encantos de la juventud

Después de cumplir siete años, la niña cambió mucho. A los catorce años se volvió feliz, juguetona, robusta y, solo de vez en cuando, se sumergía en abstracciones anteriores y cerraba la puerta del dormitorio para soñar, como decía ahora, con Blanca y Romilda, yendo con ellas a caminar por la Playa Dorada, pero ella lo ocultó salvajemente de todos y solo se lo contó a Nata, su camarera, a quien confió todos sus secretos y obtuvo a cambio una complicidad inteligente y amorosa.

Sin embargo, una vez superada la crisis, sus instintos naturales reaccionaron y volvió a sumergirse en el ruidoso mundo de la juventud de su tiempo y su círculo, tomando parte activa en paseos, bailes, reuniones y todo lo que sirviera de atractivo y motivo de expansión de la vida que había en sus cuerpos sanos; y en todo destacó por su gracia, por su belleza física, por la riqueza de su familia, de la que; sin embargo, nunca alardeó.

Sus sentimientos eran nobles y generosos; sus predilecciones eran la música y las flores. Estudió el piano con diligencia y por eso hizo progresos notables y pasó horas trabajando en el jardín, estudiando la vida de las plantas, observando con emoción el nacimiento y crecimiento de los brotes en los tallos y las aberturas de los cálices en la punta de las flores, las ramas: proponer al jardinero nuevas siembras, replantaciones e injertos y ver cómo todo prosperaba, crecía y florecía, como agradeciendo el cuidado de sus manitas; y aun recibiendo las miradas y palabras agradecidas del viejo jardinero, quien quedó asombrado al ver su interés por sus humildes tareas, que pasaban desapercibidas para los demás.

Mientras crecía así, convirtiéndose en la favorita de todos, otros vástagos también florecían en el hogar, creando ramas de actividad benéfica, dedicándose a sus hermanitos, casi siempre abandonados al deficiente cuidado de madres asalariadas, que cambiaban amor fingido por amor real al dinero.

Y así llegó a los dieciocho años, en plena época romántica, cuya licencia social a menudo desfiguraba y bastardizaba.

Por entonces, estudió con diligencia la licenciatura en Filosofía, dedicándose también a lecturas casuales del orientalismo, por el que sentía una especial atracción, y que ya le había costado, por parte de Roberta, algunas advertencias, porque lo veía como una desviación de energías mentales completamente desaconsejables.

Pero aun así, continuó, con creciente interés.

* * *

– ¿Te has dado cuenta, Walli? - Le dijo Roberta a su marido, en el quiosco del fondo del jardín interno, donde se habían refugiado ese domingo, para alejarse de los ruidos de la casa, donde niñas y niños bailaban y cantaban en el gran vestíbulo de la entrada -. ¿Has notado cómo Rose es cada vez más bella y buscada por los chicos del círculo?

– En todas las clases y grupos, Roberta, surgen líderes y nuestra hija, incluso sin proponérselo, es líder entre los jóvenes en sus relaciones. No veo nada malo en eso.

– En realidad; es así mismo; su belleza y gracia atraen a todos aquellos con quienes entra en contacto. ¡Y cómo los maneja...!

– Y tu riqueza también, no lo olvides. La riqueza es un factor de gran importancia en las relaciones humanas, especialmente en estos días de rápido desarrollo del poder de la Nación. Abre muchas puertas, da seguridad, capacidad de lograr y dominar.

– No es tanto Walli; hay muchas cosas que la riqueza no puede dar, pero en general eso es lo que es; estoy completamente de acuerdo.

– Los ricos, sin la menor duda, tienen posibilidades que afectan a innumerables personas, influyen en sus vidas, directa o indirectamente, en el ámbito del dinero mismo, como en el ámbito de todo lo que el dinero da; y así la riqueza crea dependientes en todos los sentidos.

– Entiendo y creo que Rose; ya está usando este poder para crear dependientes - respondió Roberta –, solo mira para ver; quien está ahí arriba, ahora mismo, es, en cierto modo, dependiente, ya sea para sí misma, personalmente, o para lo que promete para el futuro, como una buena pareja. Queda por ver si ella entiende esto.

– No lo creo, Walli; apuesto que no. No le importan mucho las riquezas y no se fija en sus admiradores por lo que tienen, sino por otros valores, como siempre dice.

– Pero esto es malo y debes llamarle la atención. Los valores que triunfan en la vida no siempre son los intelectuales. Entre nosotros también debe ser muy valioso el nacimiento; es decir, la sangre, el nombre, las riquezas materiales, el crédito, el prestigio y las posibilidades de futuro, aunque no sea un intelectual, el hombre, siempre que se prepare y se esfuerce, puede ser un gran líder en su entorno social.

– Ella no piensa así y lo sé por lo que ya he observado; ¡Y mira cómo estudia! Parece que su vida depende de ello. ¡Ahora está interesada en estudiar filosofía oriental y con una devoción que solo puedo ver!

– Lo que dices es increíble. ¿Qué filosofía es esa?

– He visto algunos libros sobre la religión budista y el yoga en tu habitación.

– Entonces no es tan importante como crees: el yoga es una especie de moda hoy en día: todo el mundo dice que lo practica, pero lo que parece es que no es más que gimnasia, aunque un poco diferente; y el budismo es la religión de los adultos, desilusionados de la vida, que no es apta para chicas hermosas y ricas.

– Creo que no conoces bien el tema; pero habla con ella, porque no lo entiendo y tampoco quiero crearle ninguna vergüenza evitable.

– Lo haré hoy y luego hablaremos de nuevo. Ahora voy a salir. Voy al club, donde tengo una reunión de negocios. Hasta luego.

✳ ✳ ✳

Posteriormente, al regresar, Valentino llamó a Rose; la hizo sentarse a su lado, en el sofá del salón y fue directo al grano.

– Tu madre está preocupada por ti por unos libros de filosofía oriental que tienes en tu habitación. ¿Por qué lees estos libros?

– ¿Olvidas que soy estudiante de filosofía?

– Sino de la filosofía clásica, escolástica y no religiosa.

– No te enfades papá, pero a mí me gusta esta filosofía religiosa y he aprendido mucho de ella.

- Por ejemplo...

– Desvía mi espíritu de las cosas burdas, materiales, que solo afectan los sentidos, y también de los sentimientos humanos inferiores. Descubre una religiosidad espiritual, menos pragmática, que eleva el espíritu más directamente a Dios, sin interferencias de intermediarios interesados.

– ¿Qué es esto, Rose? Pareces un predicador rebelado contra el orden de las cosas propio de nuestra mentalidad católica.

– Quizás sea así, papá, y en este caso, lo siento; no quiero ofender a nadie; estoy hablando de tesis; pero la verdad es que soy así y me va bien conociendo verdades diferentes, fuera de las imposiciones de la fe ciega.

– Es increíble lo que me cuentas. ¡No sabía que ya tenías tal desarrollo intelectual! Tu madre tiene razón al preocuparse tanto por tanta filosofía... ¿Quién llenó tu cabeza con estos ideales?

– Nadie: estas son mis ideas; conclusiones que saco de los libros que leo y de la materia que estudio en la universidad.

– Casi me arrepiento de querer tener una hija sabia, lees demasiado. ¿Qué necesidad tienes de estudiar tanto si no lo necesitas para vivir?

– Padre mío, uno de los aforismos de esta filosofía que menosprecias es que la única riqueza que no roban los ladrones es la que enriquece el espíritu.

– ¿Algunos de tus amigos piensan lo mismo?

– Uno u otro; la mayoría estudia para graduarse y tener una carrera; estoy segura que sería una pérdida de tiempo hablarles de asuntos más profundos del alma; están muy apegados a las cosas externas.

– ¿Y por qué no te gustan?

– Porque soy rica y no tengo intención de hacer carrera; ¿no lo crees? – Dijo irónicamente Rose, besando a su padre.

– Entonces quieres sobresalir sobre ellos. Ser diferente, exótica, misteriosa; ganarse una reputación como yoguista o budista... ¡Genial!

– No señor, nada de eso: solo quiero conocer otras verdades, fuera de los fríos y monótonos libros académicos y de las pomposas y evasivas creencias religiosas.

– Bueno, Rose; No aconsejo nada, porque veo que eres demasiado sugerente; espero que llegue el tiempo y lo leas pronto. Calmaré a tu madre; vuelve con tus amigas ahora.

✳ ✳ ✳

Al salir de la habitación, Valentino intentó ocultar su enfado y cuando se acercó a Roberta, en el porche trasero, tenía el control.

Roberta estaba inclinada sobre la balaustrada que daba al jardín y hablaba con el jardinero sobre unos injertos que había hecho Rose y que habían dado buenos resultados.

– Hablé con ella - dijo Valentino -, no hay nada importante. Lo que está estudiando es una fantasía pasajera. Sin embargo, conviene tomar algunas medidas de precaución, debido a sus tendencias místicas y su desapego que, para mí, no es más que negligencia. ¿Tiene alguna preferencia entre los chicos?

– Pienso que sí; se dedica más a dos chicos de la Universidad, que hoy trajo aquí por primera vez: Lúcio Bend y Carlos Vieira.

– ¿De qué familias?

– No lo sé y no quería preguntar; pero ya me di cuenta que son familias por debajo de nuestro nivel.

– ¿Por qué piensas así?

– Por la vestimenta y la forma de tratar. Son retraídos, tímidos y no siguen bien el círculo en los actos comunes.

– Mantente alerta, pero no les impidas acercarse por ahora porque, si ella les da preferencia, le sirven de derivación a las ideas místicas que tiene.

– No estoy de acuerdo contigo; no conoces bien el corazón de la mujer y el de ella entonces, ni siquiera hablas; pero seguiré tus consejos y esperaré novedades; temo; sin embargo, que suceda exactamente lo contrario a lo que imaginas.

– ¿Que quieres decir?

– Que en lugar de derivación, se conviertan en alimento para esas ideas raras que tiene.

– Miremos un rato; digamos, seis meses.

– Está bien; como quieras.

CAPÍTULO III
Escaramuzas de amor

En la gran sala, decorada artísticamente, numerosos hombres y mujeres jóvenes se divertían alegremente, en medio del alboroto típico de estas reuniones juveniles.

Rose se hizo pasar por la dueña de la casa. En ese momento estaba demostrando los pasos de un baile americano de moda; los niños y niñas exageraron cómicamente sus curvaturas, columpios y movidas, lo que; sin embargo, resultó en un movimiento general más o menos uniforme y elegante, que las risas y los dichos del argot hacían verdaderamente pintoresco.

Rose aplaudió, el responsable de la orquesta apagó el tocadiscos y las parejas se alinearon una al lado de la otra, obedientemente.

– Ahora comamos; todos deben tener hambre.

Se hizo a un lado, dejó pasar a la pareja a la habitación contigua y cogió el brazo de Carlos Vieira cuando este se acercaba.

– Entremos juntos; quiero hablar contigo.

– A las órdenes, maestra.

– ¿Maestra de qué?

– ¡Pues de baile! Y muy competente.

– Ahora basta con las ironías.

– Por lo que vi - continuó, mordaz, como si le avergonzara algo -, si alguna vez te vuelves pobre, también podrías ganarte la vida.

– Puedo ganar de muchas maneras, no solo bailando - respondió Rose, algo disgustada. Pero luego, volviendo a la cortesía habitual -, soy la señora de la casa, ya sabes, y necesito animar la fiesta.

– Claro que sí; pero no necesitas hacer mucho; con tu belleza y gracia, eres vivaz en todos los sentidos y no te faltan admiradores obedientes.

– ¿Por qué no hablas claro? No me gusta cómo eres.

– Me dijeron que, en las altas esferas, es costumbre ser diplomático y estoy tratando de ponerme en pie - continuó con la charla en el mismo tono.

– Déjate de tonterías. Ya sabes que no tengo prejuicios y me gusta la gente sencilla y sincera.

– Perdón; en ese caso voy a cruzar el río...

– Pues date prisa y acabemos con los artificios. De esta manera todo funciona mejor y no hay necesidad de arriesgar ninguna diplomacia.

– ¿Y si no funciona?

– Estás derrotado, pero siempre hiciste lo que pudiste.

– ¿Quieres decir que me aconsejas que sea atrevido?

– Eso depende de ti, no de mí. Las iniciativas pertenecen a los hombres y no de las pobres de las mujeres.

– Eres modesta Rose y, en nuestro caso, no debes abstenerte de decir sí o no.

– ¿Cuál es nuestro caso? No estoy entendiendo.

Y, para escapar de la estrechez, entró en la habitación y comenzó a servir a todos con desdén.

Carlos se retiró a una puerta y se sentó junto a un gran jarrón ornamental de palmera enana, permaneciendo allí para meditar sobre lo que había dicho Rose. Reconocía en ella la habilidad de sembrar en su espíritu rápidas esperanzas que él pronto aniquiló y finalmente aceptó que no había tenido la mejor de las palabras y permaneció en el mismo punto que antes, perdiendo una excelente oportunidad para declararle su amor.

– ¿Será que cree que soy un vulgar ambicioso y que apunto a la riqueza que tiene? ¿O quiso referirse a los éxitos que pude lograr en la vida pública y no en mi corazón? ¿Me había engañado tanto?

Finalmente se dio por vencido y comenzó a examinar los grupos alrededor de la mesa que estaban comiendo felizmente su almuerzo.

Mientras meditaba, Rose se acercó y, sin saberlo, se paró junto al jarrón, en el lado opuesto. Ahora estaba hablando con Bend.

– ¿Que hiciste? – Preguntó, y Carlos se alejó, y desapareció.

– No hice nada grande; hablamos de temas ligeros. ¿Por qué quieres saber?

– Porque soy tu amigo, ya sabes; somos amigos íntimos.

– ¿Crees que te maltraté?

– Sería bueno que así fuera.

– ¿Cómo así? Él es tu amigo y preferirías que yo lo hubiera maltratado; no entiendo.

– Lo prefiero.

– Explícate entonces.

– Así quedaría algo para los demás, ¿entiendes? Solo te interesas por él. ¿Y los otros?

– No sabía que tenías poder para que estos otros se quejaran.

Lo dejó allí y se alejó sonriendo, mezclándose con los grupos.

Bend se quedó atónito; entendió que se había llevado un gran viaje y había perdido una gran oportunidad de decirle cuánto la amaba; pero se animó al ver que en sus ojos, mientras se alejaba, no había más que picardía; sin resentimiento ni desprecio.

Y ahora la veía flotando entre los grupos, escuchando coqueteos y pasando junto a todos sin que la pillaran. Era notable su capacidad para agradar a todos, ser deseada por todos y rechazar a todos, como si estuviera más allá de ellos; y estaba bien, pensó, por su inteligencia, su belleza, su riqueza, su gracia.

✳ ✳ ✳

Una vez terminada la sesión, los dos amigos salieron juntos, caminando en medio del frescor de la tarde. Era otoño y las flores y frutas llenaban el aire de excitantes aromas. Caminaron en silencio un largo trecho, como evitando discutir el tema que les preocupaba.

– ¿Qué te pasa, Carlos? - Preguntó Bend, rompiendo el silencio -, estás cerrado, aprensivo. No estabas así cuando llegamos.

– Tuve una conversación con Rose y creo que ella me hizo a un lado.

Y le contó a Bend, palabra por palabra, de qué hablaron.

– ¿Qué piensas de todo esto?

– Creo que estás equivocado. Incluso te dio mucha cuerda.

– Ella piensa que me gusta por ambición; ¿será esto?

– Pero, ¿no fue ella quien te envió al otro lado del río? Creo que estás asustado por nada. A mí me pasó mucho peor.

– Sigue hablando - dijo Carlos, sin hacer ninguna referencia a que había escuchado toda la conversación.

– Pensé que te habías enojado - dijo Bend y dijo que deberías prestar más atención a los demás y no solo a ti mismo. Quería hablar de mí, pero ella inmediatamente me interrumpió, preguntándome si tenía un poder para presentar quejas en nombre de otros, y me dejó.

– Entonces no es tanto.

– ¿Cómo es que no es tanto?

– Piensa un poco, Bend; se molestó porque quería oírte hablar por ti y no por los demás; esto significa que le gustas.

– Pero si ella te dijo que deberías cruzar el río, aventurarte, arriesgarte también a esto, significa que le gustas.

– Está bien; tienes razón: a ella le gustamos ambos, pero no le gusta ninguno personalmente; o bien tienes dudas y no sabe qué camino tomar. ¿Será eso?

– Creo que sí. Pero no nos devanemos los sesos, Carlos, desentrañando este misterio. Como nos gusta a los dos, hagamos un acuerdo: tú me cuidas y yo te cuido, uno defendiendo al otro, para demostrar que por nuestra parte todo está claro y así obligarla a definirse más rápidamente.

– Concuerdo. Es un buen plan y, como quiera que termine, nuestra amistad continúa como siempre. Toca aquí. Y se dieron la mano.

Prejuicio

El mismo día, en la mansión, cuando la familia se reunió para tomar una merienda, Valentino llamó a Rose a la oficina.

– ¿Quieres hablar conmigo, papá?

– Sí; siéntate aquí, a mi lado; tenemos que hablar de un asunto muy serio.

Rose acercó un taburete a él y se sentó, algo curiosa y al mismo tiempo temerosa por la inusual formalidad de su padre.

– Todos estamos satisfechos con el éxito de tus estudios y de tus actividades sociales; no pasará mucho tiempo antes que podamos promover su introducción oficial a la alta sociedad. Hasta ahora no nos has dado ninguna preocupación seria.

– Parece que ahora hice algo mal... ¿Qué pasó, papá?

– ¿Por qué piensas así, Rose?

– Por tu advertencia que tendríamos una conversación muy seria.

– Te equivocas, pequeña. No hiciste nada malo. Lo que quiero, hacer es que debes evitar actitudes que generen comentarios desagradables, o traigan consecuencias desagradables.

– ¡Sí papi! No sé qué podría ser inconveniente de hacer; no entiendo.

– Entonces, entiende bien: si no has hecho nada malo hasta ahora, podrás hacerlo mañana; solo te advierto que evites eso.

– Sigo siendo la misma. Lo mejor sería que dijeras inmediatamente de qué se trata; ya no soy una niña, ¿sabes?

– Para nosotros todavía lo eres, y nuestro deber es guiar tus pasos por caminos limpios y seguros.

– Está bien, papá; estoy de acuerdo; pero desde que llegué aquí les pido que hablen con franqueza.

¿Es esto tan serio que te resulta difícil revelarlo, manteniéndome en este estado de aprensión?

– No hay nada que pueda causar aprensión, Rose, solo quiero referirme a las relaciones amistosas que mantienes con ciertos jóvenes de tu círculo. Es necesario seleccionar amistades; no compartir relaciones con personas que no cumplan con los requisitos sociales; evita, mira con atención, la intimidad exagerada.

– Todo esto lo sé; mamá me recuerda esto todo el tiempo.

– No parece.

– ¿Cómo así? No tengo ninguna intimidad con chicos inapropiados.

– En las reuniones, bailar con cualquiera; mezclarse con todos; invita a los que no lo saben.

– En estas reuniones actúo como ama de casa y por cortesía bailo con todos; eso no significa que me mezclo; conozco a todos los que vienen aquí y sé que son jóvenes decentes y de buenas familias.

– No siempre: aun hoy recibiste a dos jóvenes que, al parecer, son de una clase social más baja que la nuestra.

– Hoy, *outsiders* del grupo que siempre viene aquí, solo estaban Lúcio Bend y Carlos Vieira, dos grandes muchachos. Bend es hijo de un profesor de secundaria y Carlos es hijo de un alto funcionario del Banco do Brasil. Si te refieres a estos, diría que son jóvenes con excelente comportamiento y muy bien valorados en la Universidad. Los conozco desde hace varios años y nunca he encontrado nada reprensible por parte de ellos.

– Aquí está: ¿no comprendes que nuestro entorno social no está formado por profesores y empleados bancarios? Nuestro entorno está formado por jefes, directores, líderes y no subordinados. Escucha esto y podrás irte.

Rose se levantó deprimida. Comprendió ahora, en todas sus mezquindades, los prejuicios de las castas sociales y su espíritu se rebeló contra tal pretensión humana de distinguir donde Dios no distingue, de separar cuando Dios une. Antes de irse añadió:

– Ya veo, padre mío, que, para ti, la inteligencia, la bondad, las cualidades morales, son valores que no cuentan, solo valen dinero. Bueno, no para mí; pienso de otra manera: no reconozco otra superioridad que la del espíritu.

De allí fue directamente al dormitorio, donde ya encontró a Roberta, que la esperaba ansiosa por saber cómo fue la conversación con Valentino.

Sonrojada y decidida, Rose lo contó todo, palabra por palabra, sin omitir nada, segura de encontrar en aquel arrebato el apoyo incondicional de su madre. Pero, con asombro y revuelta, vio que ella pensaba exactamente lo mismo que su padre, mostrándose dominada por los mismos prejuicios y firmemente hostil a sus relaciones con sus dos colegas.

Repitió los mismos argumentos utilizados por su padre, demostrando una incomprensión visceral respecto de los preceptos de la fraternidad humana predicados por Jesús y otros misioneros del amor universal, desde la prehistoria hasta nuestros días, que ahora estaba conociendo a través de sus estudios de filosofía religiosa.

Cuando la madre se fue, se acostó boca abajo en la cama y lloró, sintiéndose tan aislada, como un común transgresor, en su propia casa; y por comprender que los sentimientos de sus padres eran inferiores, retrasados, a pesar que le prestaban la más asidua atención, cariño y cuidado material.

A pesar de ser joven, ya entendía que eso no era suficiente; eran sentimientos mezquinos, que no satisfacían su alma, ávida de conocimientos y sentimientos superiores; más espiritualidad de todos modos. Su decepción fue profunda, porque estaba acostumbrada a ver en sus padres personas muy dotadas en el campo de los sentimientos y de la inteligencia: y vio cómo todo se derrumbaba en un solo momento.

✲ ✲ ✲

Roberta bajó al despacho y encontró a Valentino sentado en su sillón, de cara a la ventana abierta al patio interior; miró hacia afuera, tan distraído que ni siquiera notó su llegada.

– ¿Que pasó, Walli? ¿Cómo fue tu conversación con Rose?

– Mal muy mal. Está imbuida de ideas modernas y extravagantes de la juventud desorientada de hoy; discutió conmigo como de igual a igual, oponiéndose a mis palabras, argumentos e ideas que consideraba más acertadas. Todo fluye de su boca como si fuera de memoria. Pero te garantizo que no me comprometeré con ella, pase lo que pase - exclamó enojado, levantándose impetuosamente.

Ella es mi hija, es menor de edad y tiene que obedecerme.

Debemos combatir esta contaminación, que pretende destruir todo lo que es sólido, estable y fue construido con nuestro propio dinero y el sudor de miles de nuestros antepasados.

– Pero, Walli; por el amor de Dios; ¿qué pasó, además, para que estés así? Nunca te había visto así.

- Estoy muy indignado, Roberta, porque así perderemos a nuestra hija.

– Pero, ¿cómo? ¡Estás exagerando, hombre! Rose es una chica educada, sensata, con buenos sentimientos y muy inteligente. ¿Por qué dices que la perderemos?

– No ves bien las cosas; ella se junta con estas personas que se están infiltrando en la organización nacional, especialmente en las universidades, con el objetivo de destruir su estabilidad y, en su lugar, implementar la plaga del comunismo ruso.

– Pero no es tanto, Walli; no es para tanto; vivo con ella día y noche, y nunca he visto ni oído nada parecido. Cálmate, vamos, cálmate. Hablé con ella brevemente en la habitación, pero no conozco los detalles. Cuéntame cómo te fue.

– Fui amable, dijo luego de calmarse un poco, preparando su mente para decir que le prohibimos las relaciones con personas de clase inferior a la nuestra, pero ella inmediatamente se rebeló diciendo que pensaba diferente; y en cuanto a los chicos dijo que son grandes compañeros y no ve ningún inconveniente en estas relaciones. ¿Y ahora?

Roberta estaba agonizando; amaba intensamente a su hija y haría todo lo posible para complacerla; pero tampoco podía permanecer indiferente ante los peligros que la rodeaban y que, según todos los indicios, podían aumentar. ¿Qué podía hacer, pensó, para mantenerla alejada de estos chicos, como quería Walli, pero sin lastimarla ni rebelarla contra sus propios padres? Era necesario establecer un plan de conducta inteligente para obtener buenos resultados.

Intercambió ideas con su marido y él estuvo de acuerdo y sintió el problema de la misma manera.

– Estudiaré el caso detenidamente, decidió.

Me encargaré de obtener información sobre los chicos y sus familias, hasta descubrir un punto que justifique el traslado, en el que estoy interesado, además porque tengo planes más ventajosos para nuestra hija. Esperemos con calma y tratemos de rodearla de todo el cariño y consuelo porque, en estos tiempos de crisis, esto se hace más necesario.

Roberta volvió un poco más tarde a la habitación de Rose y la encontró todavía acostada, con los ojos cerrados, tranquila.

– Rose, cariño, ¿estás cansada?

– No mamá; estoy pensando en lo que dijo papá.

– Está bien, ¿qué te molesta?

– Es tener que alejarme de Carlos y Bend, porque son hijos de familias inferiores a la nuestra, en posición y dinero, con lo cual también estás de acuerdo.

– ¿Y tú, no estás de acuerdo?

– Estoy en completo desacuerdo; gente buena, superior, para ti parece que son solo los que tienen dinero, con sentimientos que para mi tienen un valor preponderante siendo de valor secundario.

– ¿Y quién te metió estas ideas filosóficas en la cabeza? ¿Tan diferente de la realidad de la vida?

– Yo misma; estudiando, investigando, observando, entendí lo que tiene valor y lo que no.

– ¿Y los jóvenes con los que convives piensan igual?

– La mayoría no lo hace, porque son hijos de gente rica, pero algunos, esos sí, piensan igual y algunos, incluso, son potenciales rebeldes contra las injusticias sociales.

– ¿Cuáles piensan como tú, puedo saberlo?

– Varios de ellos, compañeros de la Facultad; pero puedo citar a Carlos y Bend que ya conoces; y la gente más sensata.

– Creo que la razón está en nuestros iguales y no en la mayoría; cada clase generalmente vive separada, para mantener sus propias tradiciones. La nuestra es la clase alta, con recursos y poderes, y no tenemos inclinación a la mediocridad.

– Para mí mamá, debemos respetar todas las clases sin olvidar que todos somos hermanos ante Dios. No vivimos con todos y hay marcadas desigualdades en educación, medios, creencias, sentimientos, pero, desde el punto de vista espiritual, todos somos iguales ante Dios, y debemos hacer lo que podamos para ayudar a todos.

– Está bien, Rose. Realmente tienes algún tipo de ideas revolucionarias.

– No señora, nada de eso. Estoy por la paz y contra la violencia, y la humanidad debe evolucionar a través de la autocomprensión, la superación personal y el amor, sin discriminación ni exclusivismo.

– Estas son ideas solo para escribir en libros, para filósofos baratos.

– Pero, ¿no tienes religión? ¿No conoces el Evangelio de Jesús?

– ¡Que pregunta! Por supuesto que lo sé; soy católica hasta el tuétano.

– ¿Cómo entonces interpretas la enseñanza que dice que debemos amar a Dios sobre todas las cosas y a nuestro prójimo como a nosotros mismos?

– Bueno, Rose; dejémonos de tonterías; esta es una manera de decir, nadie, ni siquiera los sacerdotes, puede vivir como enseña el Evangelio; sería absurdo querer eso.

– Pero, ¿no es el Evangelio la base del catolicismo?

– Teóricamente; sin embargo, lo válido son las interpretaciones y lo que se obedece en la vida práctica es lo regulado en las reglas canónicas que enseñan los sacerdotes. ¿Entiendes?

– Por supuesto que entiendo. Es más fácil sentir una exterioridad que una profundidad, un ritual de adoración, que un testimonio de fraternidad; eso, madre mía, puedes estar segura que no es el verdadero cristianismo.

– Estás loca. Desafortunadamente, veo que tu padre tiene razón al querer sacarte de todas formas de estas amistades que te están disolviendo.

– Disolviendo, no mamá; el Evangelio es, por el contrario, edificante.

– No hagas sofismas; sabes que me refiero a Carlos y Bend.

– No hace falta que hables de ellos de esa manera tan despreciable; lo que pienso es para mí, ya te lo dije, y lo logré estudiando y no hablando.

– Basta, ya estoy harta; no quiero más discusiones molestas. Ya no permitiré que estos jóvenes entren a nuestra casa. ¿Entiendes?

– Lamento lo que estás diciendo; creo que este es el comienzo de un mayor aislamiento para mí.

– Bueno, aléjate de ellos y todo terminará.

– Por ese precio, no; no cometo injusticias. No hicieron nada para merecer esto; soy quien los busca, soy quien los invita, porque me gustan y me respetan y estiman.

– Repito: ya no los quiero en tu compañía; es definitivo.

– Puedes cerrar las puertas de tu casa, pero no las de tu corazón. Éste es libre, gracias a Dios.

– ¿No le tienes miedo a tu padre?

– No, señora; primero porque lo amo y respeto, y segundo porque lo siento y haré todo lo posible para que no cometa actos arbitrarios e injusticias contra los débiles e inocentes; y lo mismo digo de ti.

– ¡Dios mío! - Gritó Roberta, llevándose las manos a la cara -. ¡Ya no puedo soportar esto! Mira, Rose - dijo mientras caminaba hacia la puerta -, no hablaré contigo durante una semana, hasta que vuelvas a ser lo que eras antes.

Y se fue dando un portazo.

* * *

Los Dos Amigos

Rose durmió poco esa noche; su mente, en abierto conflicto con su corazón, por un lado decepcionado con la estrecha mentalidad de sus padres, que recién ahora había podido conocer, y por otro lado, apenada por verse obligada a entrar en conflicto con a ellos. Pero, al mismo tiempo, se alegraba de comprobar que, a pesar de ser todavía muy joven, ya había superado la inferioridad espiritual que demostraban, inmersos como estaban en prejuicios sociales e intereses meramente materiales y transitorios.

Lo que observó también demostró que el concepto de evolución de las especies era exacto y que la creencia en la Ley de la Reencarnación, base de las religiones orientales y del neoespiritualismo moderno, era respetable. Comparándose con sus padres, se creía diferente, más emancipada de los yugos religiosos; También se dio cuenta que los efectos hereditarios solo se aplicaban al cuerpo físico y no alcanzaban el campo moral, que es exclusivo del espíritu.

Siguiendo profundizando en las verdades espirituales, también se dio cuenta que esta juventud, la mayoría, pobre en bienes materiales, de la que los dos jóvenes amigos eran exponentes, se situaba en la escala evolutiva, desde el punto de vista espiritual, por encima de los poderosos y ricos del que ella formaba parte, refiriéndose, por supuesto, a quienes, por conducta y sentimiento, merecían tal condición.

Con este pensamiento consolador finalmente se durmió, justo cuando, abajo, el gran reloj del comedor daba tres fuertes y austeras campanadas.

* * *

Tres días después, en la Universidad, se encontró con sus dos amigos. Estaba ansiosa por intercambiar ideas con ellos, evaluando así sus propias fortalezas y poniendo a prueba las conclusiones a las que había llegado. Se dirigieron al pie de un árbol de sombra, en uno de los patios interiores, y, tras las habituales trivialidades, ella entró directamente en el tema que la preocupaba.

– Tenía muchas ganas de hablar, porque tengo cosas muy serias que discutir y quiero escuchar su opinión.

– ¡Cuánto honor! - Dijo Carlos sonriendo.

– No vengas con tus ironías, se quejó. ¿O hay algo malo que he hecho?

– Nada, Rose, nada; es una broma de Carlos - intervino Bend -. Siéntate aquí - dijo extendiendo un periódico en el suelo y te escucharemos con total atención.

– ¿Qué has estado haciendo? - Pidió ganar tiempo.

–·¿Estudiando mucho?

– No tanto, respondió Carlos.

– Pensando en la vida, añadió Bend.

– Haciendo versos - añadió Carlos.

– ¿En serio? Quiero ver. Recita uno para mí.

– No quiero pelear con Carlos, Rose; es muy buen amigo mío y se lo merece con esta intriga.

– No tengas ningún escrúpulo - dijo Carlos -; puedes recitar; ¡ella lo pide, muchacho!

– Escuchemos primero a Rose - dijo Bend -. Ella está preocupada por algo y no tiene sentido que hablemos en vano, cuando ella misma dice que nos necesita.

– Tienes razón, Bend, oigámosla.

Rose, una vez terminada la disputa, les contó sus pensamientos nocturnos y las conclusiones a las que había llegado sobre las diferencias entre clases sociales, generando pobreza, medianía y riqueza. Expuso sus creencias en la evolución de las especies, según Darwin, llegando a seres del mundo material; y leyes espirituales, incluida la de la Reencarnación, según el pensamiento oriental, que regulan la evolución moral; también se refirió a las dificultades de su posición para aceptar tales creencias, viviendo en su propio entorno social y en la clase de los más ricos y poderosos.

- ¿Quería saber qué pensaban sobre estas cuestiones?

Carlos tomó la palabra primero.

– Todo lo encuentro inferior, inestable, en ambientes donde predomina la riqueza, no para sí misma, sino para quienes la utilizan exclusivamente, contando con una seguridad que no existe.

– Considero a los ricos presuntuosos e infelices - dijo Bend -, porque son pobres de sentimientos y esclavos del dinero, lo que los hace incapaces de ver las cosas en su aspecto eterno. La ley de selección de especies – continuó -, explica las diferencias; algunos vienen antes que otros y por lo tanto poseen más experiencia y sabiduría; nace primero, siendo por tanto más maduro.

– De acuerdo, totalmente - dijo Carlos.

– Creo en la ley de la Reencarnación - continuó Bend -; explica todas las diferencias materiales y espirituales. Los mayores, no recuerdo el tiempo, pero en las experiencias de sufrimiento son los mejores, los más maduros, más morales, más humanos, más fraternos y, por todo ello, concluyó, inspiran más confianza.

– Genial - dijo Rose, aplaudiendo -. Esto me consuela mucho. Veo que defiendo la tesis más justa y elevada. Gracias.

– Ahora vamos a la poesía, Bend - dijo Carlos.

– Déjalo, Carlos, hablemos con Rose; no siempre estamos juntos.

– Vamos, Bend. Ya hemos hablado de mis asuntos, como querías. Escuchemos ahora tu poesía, que estoy seguro será hermosa. Tengo curiosidad por la palabra - dijo Rose.

– Vamos, Bend; suelta la palabra - insistió Carlos, chasqueando los dedos y también curioso, a pesar de estar ya casi seguro que la musa inspiradora era Rose. Y para calmarlo, su amigo le preguntó: ¿

- Será algún nuevo amor que tiene, Rose? Yo también quiero oírlo.

Presionado así por ambas partes, Bend se resolvió diciendo:

– Es un pequeño poema que te dedico, Rose, sin la menor idea de avergonzarte y además, voy a decir, que no es ninguna declaración de amor, ninguna palabra.

– Se entiende y acepto la honesta y franca reserva. Puedes empezar.

Bend sacó una hoja de papel de su bolsillo y leyó lentamente, con evidente emoción, la siguiente frase:

Cuando vi tus ojos,
Mi vida cambió.
El Sol se volvió más brillante
Y más bello resplandeció
Cuando vi tus ojos.
¡Oh! ¡Mi amor! La alegría
entró en mi corazón;
Y la noche fue como el día,
Y se acabó la soledad
En que vivía mi alma.
¡Oh! ¡Mi amor! Ese día
Cuando vi tus ojos.

Mientras leía, sus ojos se llenaron de lágrimas y Carlos, al ver esto, se dio cuenta que su corazón era de Bend, por mucho que lo ocultara, y no el suyo. Y, a su vez, se emocionó y se puso tembloroso y triste.

Cuando Bend terminó, dijo, tratando de controlar su emoción:

– Linda, Bend, esta poesía es hermosa. Me quedé emocionada. No sabía que tenías tanta inspiración y tanta delicadeza al contar tus cosas emocionales.

– ¿Qué es esto, Rose? ¡Que exageración! Dices eso porque todavía no has escuchado los poemas de Carlos. Son mucho mejores. Son sonetos, ¿sabes?

Cosa mucho más valiosa y no cuartitas como éste, que hace todo el mundo.

– No, Bend, no todo el mundo lo hace al menos con esa delicadeza.

- Entonces ahora queremos escuchar el soneto de Carlos. También tengo curiosidad.

– Esa es una broma de Bend, Rose. Todo joven enamorado de la vida, a esta edad nuestra, sufre de impulsos extra para derramar sus emociones, esperanzas y deseos, en versos. Eso es todo.

– Así es, Carlos. Y quiero escuchar ese soneto.

Hago hincapié.

– Hoy no; otro día traeré uno de ellos para mostrártelo. Está prometido.

– Si no está listo hoy, Rose, programaremos una nueva reunión para que elija la poesía que quiere leer - propuso Bend, ayudando a su amigo a ahorrar tiempo.

– Está bien - asintió Rose -, fijemos otra reunión dentro de tres días, en este mismo lugar; ¿aceptan?

– De acuerdo.

Rose se levantó y se fue sin hacer la menor referencia a la prohibición de sus padres. Decidió dejar el asunto para la próxima oportunidad; tampoco estaba en condiciones de soportar la tristeza en ese día feliz en el que escuchó el delicado mensaje de amor de Bend.

✳ ✳ ✳

La siguiente reunión fue más decisiva. Rose los encontró sentados al pie del mismo árbol; Bend, recogiendo apuntes que había tomado en la última clase del día y Carlos, con el mentón entre las manos, pensando en cómo gestionar las relaciones entre los tres, dentro de la amistad que se había formado, sin crear vergüenza para ninguna de las partes, debido a la preferencia dada por Rose de forma encubierta y que, ese día, debería ser positiva.

Nada más llegar, Rose se dio cuenta claramente que algo grave había sucedido; se sentó junto a ellos y permaneció en silencio, esperando que alguno de los dos iniciara la conversación; pero cuando ellos también guardaron silencio, les recordó lo acordado en la reunión anterior.

– Vine a escuchar la poesía de Carlos. ¿Se olvidaron?

– ¿Solo por eso? - Preguntó Bend, mirando intencionalmente a Carlos, como invitándolo a cumplir su promesa.

– Pensé mucho en este asunto, Rose, y pensé que sería mejor no entrar en la carrera con Bend.

– ¿Qué carrera? ¿La de los versos?

– Sí, eso mismo; más o menos...

– Pero, ¿por qué? ¿No fue eso lo que se acordó?

– Sí, pero no quiero competir. Es mejor quedarnos donde estamos y seguir cada uno nuestro propio camino.

– Pero, ¿por qué, muchachos? ¿Algo no va bien entre ustedes?

– Nada de eso - aclaró Carlos. Entre Bend y yo las cosas siempre están en orden, en armonía y tendrán que ser así hasta el final; al menos eso es lo que quiero.

– Estoy completamente de acuerdo con Carlos. En realidad no hay nada, Rose.

– Entonces es algo conmigo. Lo siento - dijo Rose.

– ¿No sabes que los empleados de un banco son pobres? - Preguntó Carlos.

– ¿Y que los profesores de la escuela son iguales? - Añadió Bend.

– Pero, ¿de qué están hablando? No entiendo nada. ¿Hay alguna dificultad con la que pueda ayudar? Sean francos y podrán contar conmigo.

– Bueno, Rose, ese no es el punto.

– ¡Cómo no! Somos colegas y amigos y ¿por qué no puedo ayudar?

– Estamos acostumbrados a las dificultades, Rose - dijo Bend -. Nacimos en nuestro entorno y vivimos en él de la mejor manera posible, sin la más mínima frustración ni contratiempos. Será mejor que te alejes de nosotros por un tiempo, hasta que pase una ola que nos golpea a los tres.

Rose quedó impactada por su actitud, ya que algo así nunca antes había sucedido. Eran amigos, intercambiaban confidencias, discutían en común sus problemas escolares y siempre se llevaban bien; ¿Por qué hablaban ahora de dificultades y separaciones?

En ese momento recibió una sorpresa íntima: ¿se habían enterado de alguna manera de la prohibición de sus padres el día antes de su último encuentro? Pero, ¿cómo lo supieron?

Ella se levantó, aprensiva pero decidida a obligarlos a hablar.

– ¿Ya no quieren mi compañía? Pueden ser francos.

– No hemos querido discutir este asunto contigo, Rose, para no herir tu sensibilidad ni, de ningún modo, crear obstáculos a la continuación de nuestra sincera amistad. Pero resulta que ayer por la tarde, al llegar a casa, me enteré que desconocidos estaban tomando información de nuestros amigos y proveedores; sobre nosotros y nuestras familias, principalmente sobre la riqueza y los medios de vida familiares. Mi padre atribuye este hecho a las relaciones que tenemos contigo fuera del campus, incluidas las reuniones en tu casa.

Busqué a Carlos y descubrí que a su familia le había pasado lo mismo y entonces entendimos que debíamos ahorrarte la vergüenza de romper con nosotros, en obediencia a tus padres y por eso propusimos la medida en primer lugar.

Bend habló visiblemente avergonzado y estaba claro que solo cumplía con un deber, como emisario de ambos, ante Rose. Y para poner fin a la dolorosa situación, añadió:

– Sabes bien que no podéis dudar de la amistad que os hemos dedicado y que hasta ahora ha sido correspondida; pero no queremos en modo alguno crearte dificultades con los tuyos y creemos que lo mejor es alejarnos antes que nos veamos obligados a hacerlo, lo que, como bien comprenderás, sería muy deprimente.

En respuesta, Rose tomó cada una de sus manos y respondió mirándolos con amor y firmeza:

– Lamento que se hayan enterado de esto y nunca les contaría tal cosa. Entiendo la delicadeza de su gesto y quiero decirles que, por mi parte, desapruebo completamente el comportamiento de mis padres. Pero, hablando con la franqueza y sinceridad a la que estamos acostumbrados, desapruebo, pero no encuentro extraña su actitud; cada uno piensa como siente y como puede, según el punto alcanzado en la evolución moral de su espíritu. Por otro lado, quizás estén actuando de forma calculada, dentro del deber que obliga a los padres a cuidar de sus hijos. Mi padre es un hombre influyente, por su posición y dinero, y utiliza sus métodos en este caso más íntimo y personal como suele hacer en el ámbito comercial, primero informándose y luego tomando decisiones. No vean esto como mala voluntad contra ustedes; ni siquiera los conoce personalmente. Son solo puntos de vista.

– De acuerdo Rose; pero nuestros padres nos aconsejaron alejarnos espontáneamente, por algún tiempo, hasta ver si la medida es definitiva, o provisional; en este último caso, nos volveríamos a ver.

¿No crees que es mejor actuar de esta manera?

– Lo sentimos mucho - añadió Carlos -, mucho, puedes creerlo; pero no nos alejemos y tengamos reuniones al azar, ni siquiera en el campus. No quedaría bien para ninguno de nosotros. ¿No estás de acuerdo?

– Me resulta difícil estar de acuerdo con esta solución - respondió Rose -, y me entristece comprobar que efectivamente existen motivos serios para nuestra separación; pero créanme que desapruebo cualquier idea de separación entre nosotros y ya se lo dije a mis padres; y por mi parte tampoco quiero someterlos a ninguna vergüenza y prefiero estar de acuerdo; probemos - dijo con tristeza -, y veremos si nos acostumbramos.

En un parterre cercano había varios arbustos en flor; Bend cogió una rosa y Carlos cogió un clavel rojo y cada uno le hizo su ofrecimiento, con gestos afectuosos, viendo en sus ojos las lágrimas que brotaban brillantes como gotas de luz.

Y así se separaron pero, al despedirse, Carlos le entregó un papel doblado diciendo:

– Es un poema que no escribí pero que creo que es muy apropiado para un acto como este.

Rose desdobló el papel y leyó:

"Para los que se aman

No hay distancias
No hay ausencia.
Para los que se aman,
No se desaniman,
No olvidan,
No se despiden."

Besó el papel y dijo alejándose: este beso es para ustedes dos. Sufrí en lo más profundo de mi alma la angustia de esa separación.

CAPÍTULO IV
Indicios extraños

Psíquicamente traumatizada por las exigencias de sus padres y por la separación de los dos chicos, a partir de ese día Rose se encerró en sí misma, huyó de las reuniones sociales, de las salidas, de los bailes, de los deportes y de tantos otros actos que alegran a la juventud y se limitó a vivir en casa sin expansión, refugiándose en los estudios, más que nunca. Se hizo el firme propósito de abrirse camino en el mundo mediante su propio esfuerzo, desinteresada por completo de la grandeza y riqueza del medio social en el que vivía.

No respondió a consejos, peticiones, exhortaciones; vivió para sus libros, visitó museos, exposiciones de arte; asistía a congresos y conciertos públicos, intentando distraerse con constantes actividades más propias de las personas mayores.

Quería emprender su propio camino, independizarse y mostrar a sus padres que el mayor valor en la vida humana es el espíritu, con sus dotes de inteligencia, razón y libre albedrío, y con sentimientos debidamente evolucionados hacia el bien.

En poco tiempo sus notas de estudio le valieron los primeros lugares en la Facultad y, al mismo tiempo, su nombre se hizo conocido en lugares donde se veneraba el pensamiento, el arte y el espíritu; y, nunca como ahora, se vio secuestrada por jóvenes ricos de las capas altas de la sociedad, quienes la acosaban constantemente, sin comprender su alienación y desinterés.

En realidad, había madurado prematuramente.

Por otra parte, sus estudios de cuestiones espirituales se intensificaron y la llevaron a conocer las últimas conquistas del espíritu en el campo religioso – filosófico, asistiendo a congresos sobre diferentes ramas de este sector; sin embargo, en ninguno de ellos encontró atractivos más fuertes y profundos que satisficieran el deseo de espiritualización que se había apoderado de ella en los últimos tiempos y que se había acrecentado mucho después de los desengaños que había sufrido.

Una tarde, visitando librerías, encontró en la sección "religiones" varias obras sobre el Espiritismo, por las que se interesó; preguntando al librero cómo iniciarse en este conocimiento, le indicó los libros más adecuados para principiantes y le proporcionó un plan de estudio progresivo, después del cual debería asistir a una Casa espírita adecuada, para tomar conciencia de las realidades fenoménicas. Tuvo suerte de encontrar en la librería a alguien que conocía el problema.

A partir de entonces emprendió este nuevo camino tan accesible a todo aquel que lo buscaba y, en poco tiempo, se encontró en condiciones de asistir a trabajos prácticos y luego pasó a asistir a grupos privados, donde llevaban la doctrina de manera ecléctica; es decir, sin especializaciones, pasando luego a trabajos más completos. En todos notó que el problema más delicado era siempre el del intermediario entre los planos material y espiritual; esto llevó su espíritu investigador y curioso a estudiar más profundamente el problema mediúmnico y, en esta práctica, se dio cuenta de que, también en ella misma, se revelaban ciertas facultades que, en gran medida, la conmovían, porque entendía que esto hecho cambiaría profundamente las condiciones de su vida actual.

Finalmente, fue presentada a dirigentes de la Federación Espírita del Estado donde entró en contacto con las más auténticas y elevadas realizaciones, basadas en escuelas y cursos de iniciación regular y metódica, ingresando sin dudar en la Escuela de Aprendices del Evangelio, a la que asistió hasta finalmente recibir el título de Discípulo de Jesús.

Esto le permitió formarse la más perfecta y justa comprensión de la Doctrina de los Espíritus, comprobando que a pesar de tener otros aspectos, el más importante de ellos, el más ligado a la espiritualidad superior, era el carácter religioso, que, finalmente, también comprendió como el que habló más profundamente a su alma.

Penetró en el conocimiento de su amplia aplicación en los fenómenos de la vida universal, de su profundo significado moral y redentor, de su sencillez exenta de rituales, exterioridades y acomodaciones, tan común en las corrientes religiosas dogmáticas, casi siempre evasivas, que no responden a las preguntas, huyen al diálogo y no satisfacen las necesidades más íntimas de las almas en probación.

Comprendió que después de todo había encontrado la paz que tanto había buscado, el ideal religioso que nunca había tenido, la gloria de vivir, sufrir y sacrificarse para alcanzar, en el futuro, una vida mejor, en mundos más perfectos que eran francamente accesibles a todos aquellos que las buscan con humildad y perseverancia, a través de las vicisitudes que impone la vida y que las leyes espirituales exigen de todos los hombres.

Abandonó todo lo relacionado con las búsquedas y se concentró en esta gloriosa experiencia, destinada a la evangelización de las almas; ahora se sentía fuertemente sostenida, y muy estrechamente, por una poderosa fuerza invisible, pero siempre presente, accesible a todas horas del día o de la noche; ahora era un miembro devoto del inmenso ejército de Cristo, que luchaba por la redención de la Humanidad. Esto la exaltó ante sí misma.

✳ ✳ ✳

El tiempo pasó rápidamente y llegó al final de su carrera de Filosofía, el mismo año en que Carlos y Bend recibieron sus títulos de Ingeniería y Medicina respectivamente.

En la ruidosa fiesta promovida por sus padres, se sintió ausente, desinteresada; pero, como era su deber, se quedó el tiempo que requería la práctica, retirándose inmediatamente a su habitación, alegando encontrarse indispuesta.

Realmente sentía una enorme presión en el pecho, un deseo irresistible de aislarse de todos y de todo. No tenía el mismo significado para ella que para los demás.

Incluso se acostó con la ropa puesta y pronto la invadió un extraño letargo, rodeada de una angustia que no sabía definir. ¿Se estaría enfermando? Se calmó un poco y comenzó a examinar los acontecimientos de ese día, viniendo a su memoria y con claridad, la escena de la graduación: ella y sus padres, en el vestíbulo de entrada, saliendo de la Universidad, cuando vio a los dos jóvenes amigos, a quienes hacía muchos meses que no lo veía; los vio acercarse a saludarla, pero se detuvieron, indecisos, ante las miradas frías y hostiles de Roberta y Valentino, quienes también notaron su actitud y demostraron claramente su repulsión, manteniéndolos alejados, al brindarles todas las extravagancias de carácter y actitud demostradas últimamente por Rose.

Sabía que ellos también acababan de recibir sus diplomas y sería natural que la saludaran y se encontraran con ella en el vestíbulo. Esto la hirió profundamente y le hizo sufrir una intensa frustración, considerando la amistad que los unía y el correcto proceder que venían manteniendo, según lo acordado, desde el día en que se marcharon voluntariamente y de mutuo acuerdo.

En el silencio de la habitación a oscuras, recordó las decepciones, las desilusiones, la soledad de alma que había sentido desde entonces, comprendiendo también cuánto consuelo y alegría representaba la amistad que los unía. Con estos recuerdos se quedó dormida sin darse cuenta; un sueño profundo la envolvía mientras en la mansión, los ruidos de la fiesta sonaban cada vez más intensos, con las libaciones de bebidas fuertes y caras, y los bailes excitantes y bulliciosos.

Su presencia fue reclamada insistentemente en el momento de los brindis, Roberta subió a la habitación y la encontró durmiendo profundamente: la llamó repetidas veces, inútilmente y, finalmente, dio a los invitados explicaciones aceptables de emoción, cansancio, etc.

Una vez terminada la fiesta y, antes de retirarse a sus habitaciones ubicadas en la otra ala del edificio, Roberta regresó a su habitación y vio que la situación no había cambiado. Inquieta, llamó a la camarera que reemplazaba a Nata, que estaba ausente, en el interior, visitando a unos familiares y, ayudada por ella, cambió la ropa de Rose y la acomodó mejor en la cama. Notó que su pulso estaba muy lento, pero lo atribuyó al cansancio del día y a las emociones naturales de estos acontecimientos; después de ordenarle a la criada que viniera a comprobar el estado de su hija cada hora, se retiró.

✳ ✳ ✳

Rose durmió veinticuatro horas seguidas. Se despertó temblando, bebió un vaso de leche que le dio la criada y se volvió a dormir. Al ser notificada, Roberta se inquietó, considerando el hecho un tanto inusual y, según Valentino, mandó llamar al Dr. Fernando.

Inmediatamente vino y encontró a Rose de la misma manera, sin el menor cambio. El pulso era regular y no había fiebre; simplemente dormía, aunque pensó que el sueño era exagerado, admitió las razones ya explicadas por Roberta; les ordenó que la dejaran dormir todo el tiempo que quisiera y hasta que hubiera alguna reacción orgánica favorable a un mejor examen.

Esa noche, la propia Roberta estuvo en vigilia y, recostada en el sillón de la habitación, repasó los acontecimientos: había encontrado a Rose absorta varias veces en la lectura de doctrinas prohibidas por la Iglesia y se alarmó y angustió cuando descubrió que estaba fuertemente aceptada por el Espiritismo e incluso frecuentaba lugares donde se practicaba este herejía. Permaneció en silencio para no perturbar el momento con la certeza que todo pasaría como la novedad que era, en la mente de una muchacha como Rose, dotada de una gran inclinación por las investigaciones de este tipo; pero ahora bastaba con que una vez graduada, Rose pudiera dedicarse a actividades más sanas y normales.

Sin embargo, ella comunicó el hecho a Valentino y él le aconsejó que buscara el consejo de su confesor y, según su opinión, actuarían rápidamente para proteger a Rose de cualquier contaminación peligrosa.

Desde el principio, Roberta buscó a su confesor y, con verdadero asombro, escuchó de su boca declaraciones halagadoras sobre la llamada Doctrina de los Espíritus.

– Hija mía – dijo -, hay muchas doctrinas en el mundo, pero es necesario, para formarse una opinión, distinguir el conocimiento falso del conocimiento verdadero. Cuando son ciertas, cualquiera que sea la etiqueta que tengan, deben ser consideradas con respeto y buena voluntad, en obediencia al anuncio universal que vino del cielo en los albores del nacimiento de Nuestro Señor. Esta Doctrina de la que hablas ha sido mal juzgada y confundida con prácticas reprobables que no le corresponden y, aunque sus enseñanzas difieren de las de la Santa Madre Iglesia, conviene saber que su base esencial de actuación es el Evangelio de Nuestro Señor Jesús Cristo, aunque no estemos de acuerdo con los conceptos que ella enseña, no la condenamos, porque Jesús enseñó que no debemos juzgar, porque con la medida con la que juzguemos, seremos juzgados.

Es necesario – continuó -, tener cuidado de no confundir la verdadera religión, el verdadero conocimiento, con las supersticiones y prácticas satánicas, que siempre han sido utilizadas por individuos maliciosos y mal intencionados; pero esta recomendación no se aplica a esta Doctrina de la que hablas, porque sabemos que su acción es para el bien de la Humanidad y, si algún adherente no actúa con equidad, rectitud, no debemos condenar la Doctrina en sí misma, porque esta es una regla de medida justa.

– Pero, fray Antonio - interrumpió Roberta, nerviosa y perpleja -, lo que usted me dice me sorprende enormemente, porque los sacerdotes de nuestra religión católica siempre hemos predicado contra todo lo que no estaba autorizado por la Iglesia, especialmente las herejías, entre las cuales esta falsa religión siempre ha sido destacada.

– Se de eso; pero nunca han salido de mi boca palabras de anatema contra cualquier religión que no sea la nuestra; también soy sacerdote de nuestra santa religión católica y te doy un consejo porque viniste a pedirlo y el consejo que doy está firmemente basado en el Evangelio que nos manda a tolerar lo que no amamos y, más aun, a saber: amar lo que no amamos. Por tanto, no hay nada que retirar ni modificar en lo que dije - concluyó y esperó su declaración de aceptación o negativa, para darle mi paz como sacerdote o no, en nombre de Nuestro Señor.

Vivamente impresionada por la enérgica y altiva respuesta del confesor, Roberta finalmente se humilló y declaró obediencia a los consejos dados, liberándose así de responsabilidad por todo lo que, a consecuencia de ellos, le sucediera a Rose.

Al regresar, contó lo sucedido a Valentino, quien asoció su perplejidad con la de ella; sin embargo, conocía en profundidad la santidad del confesor y no se atrevía a discutir sus opiniones, tan francamente expresadas.

— Rose ahora es prácticamente más grande; dejémosla estudiar lo que quiera; solo le vamos a pedir que al menos dos veces al año busque al hermano Antonio y le pida consejo directamente y acepte, en la medida de lo posible, los consejos de este amigo sacerdote; no puedo admitir que, precisamente ahora que tiene más equilibrio moral, se desvíe de la religión de sus padres.

— Está bien, Walli; así lo haremos y aprovecharé las circunstancias de tu inexplicable sueño para invitarte a visitar al fraile.

* * *

En el umbral de la crisis

A la mañana siguiente el médico regresó a la mansión para examinar a la niña más lentamente porque realmente pensaba que necesitaba un examen general, tal vez incluso la ayuda de un psiquiatra, ya que desde pequeña había estado sujeta a fenómenos un tanto fuera de lo normal.

La encontró sentada en un sillón, junto a la ventana de cristal del dormitorio. En la puerta lo interceptó Roberta, que lo esperaba ansiosa.

— Dr. Fernando; te estaba esperando desde temprano en la mañana. Rose despertó hace unas dos horas, pero está completamente diferente, ni siquiera parece la misma persona; habla un idioma que no entendemos y a veces se emociona y habla con personas que no vemos ni sabemos quiénes son. No sé qué pensar, Doctor - finalizó con lágrimas en los ojos.

— Cálmate doña Roberta; examinemos a la niña más lentamente y luego hablaremos; pero quiero entrar solo en la habitación y hablar con ella libremente. Ya sabes que hay muchas cosas que a las personas enfermas o desorientadas no les gusta revelar a sus familiares y fácilmente lo hacen a amigos o médicos.

Entró en la habitación sin hacer ruido y avanzó algunos pasos, deteniéndose para observar, subrepticiamente, las acciones de Rose; sorprender algún gesto o palabra que le facilite comprender mejor el problema clínico; pero ella estaba inmóvil, tranquila, con los ojos abiertos, mirando a lo lejos, a través de las ventanas, a los árboles del patio interior y así permaneció hasta que él se cansó y caminó hacia ella.

Cuando lo notó, se dio vuelta y retrocedió asustada; ella corrió hacia la ventana y se quedó allí, mirándolo como a un extraño. Sorprendido por esta actitud, le habló con calma, llamándola por su nombre, repitiendo la llamada, hasta que ella respondió con una frase corta y rápida, como si, a su vez, llamara a alguien cuyos nombres le parecía Boris e Ivan.

Para conectar con ella, repetía interrogativamente estos nombres, insistiendo en ellos, hasta que ella negaba afirmativamente con la cabeza, a cada uno que pronunciaba; luego, emocionándose, hablaba de otras cosas, que parecían ligadas al entorno, porque señalaba su ropa, los muebles, el candelabro del techo, mostrando admiración.

El médico no entendió nada, pero vio que no era una lengua occidental conocida; y para no asustarla más de lo que ya estaba, le hizo señas con la mano para que esperara y estaba a punto de salir de la habitación cuando tuvo una feliz inspiración: al ver varios libros sobre la mesa, volvió y comenzó a examinar, finalmente encontrando un atlas geográfico. Lo recogió y se acercó a ella lentamente, mostrándole el libro, pasando las páginas y observando sus reacciones; cuando ya casi llegaba al final, abriendo la página referente a los países asiáticos, vio que ella se emocionaba, moviendo la cabeza afirmativamente; pasó su dedo índice por todos los países y, cuando llegó a Rusia, se interesó, prestó mucha atención y, finalmente, con su dedo mostró el nombre de Smolensk, una ciudad del centro de Rusia. El médico quedó satisfecho y salió en busca de Roberta, a quien encontró en la sala, hablando con Valentino, que apenas entraba.

– Ya he aclarado parte del misterio, doña Roberta; y le contó la experiencia que había tenido con el atlas.

– ¿Está un poco loca entonces? – Exclamó Valentino.

– Debe estar delirando – añadió Roberta. ¿Qué opina, Doctor?

– Si simplemente estaba engañando, doña Roberta, ella no mostraría inteligencia como lo hizo.

– Pero, si ella llama a alguien con esos nombres, ¿quién sabe si la presencia de Walli podrá ayudar? - Preguntó Roberta.

– Entra entonces - dijo el médico, dirigiéndose a Valentino -, pero con calma y no insistas si no te reconoce.

Valentino entró en la habitación, pero pronto fue visto por ella, quien, levantándose bruscamente, volvió corriendo a la ventana, llamando insistentemente a Boris, ¡Boris! aunque no entendía lo que ella decía, solo por sus gestos Valentino vio que había fallado, pero aun así insistió.

– Soy yo, Rose, tu padre Valentino.

Pero ella siguió refugiándose en la ventana, asustada.

– No insista, señor. Valentino; es inútil y será aun peor. Dejémosla sola un rato hasta que se calme.

Salieron a la habitación de al lado comentando la situación, que el propio médico no supo definir adecuadamente.0

– Dígame honestamente, señor. Valentino: ¿Rose sufrió alguna decepción, alguna desilusión o una fuerte molestia que la afectó seriamente?

– Solo si es porque le prohibimos mantener relaciones amistosas con dos compañeros de la Universidad.

– ¿Y cuál es el motivo de esto, puedo preguntar?

– Desigualdad social - respondió secamente Valentino.

– ¿Ellas se sorprendió por eso?

– Creo que si; se sorprendió un poco; le dio por estudiar mucho, salir mucho, ir a bibliotecas, conferencias, museos, etc.; pero no creo que eso sea suficiente para llegar a este estado.

– Eso debe haber influido, porque detrás de estas crisis siempre hay una razón fuerte y a menudo sentimental.

– ¿No sería mejor entonces llamar a un psiquiatra, Doctor?

– Por ahora no; estoy reuniendo elementos sobre el caso; entonces quizás esté de acuerdo, pero todo sin prisas.

– Entonces haz lo que creas conveniente, ya que tenemos confianza en ti.

✳ ✳ ✳

Roberta volvió a la habitación un poco más tarde y encontró a Rose medio dormida en el sillón; llamó la criada y con su ayuda llevó a Rose a la cama, abrigándola bien. Ambas se retiraron, para que ella pudiera descansar, esperando que sucediera como la última vez, cuando despertó en un estado normal. Pero este sueño fue más prolongado, lo que trajo nuevas preocupaciones a la familia y al médico. Estaba en esta primera sala, intercambiando ideas con Roberta, cuando la criada advirtió que Rose se había despertado y había informado que Nata acababa de llegar.

– Llámala rápido y dile que suba inmediatamente a la habitación de Rose.

Cuando entraron, Rose tenía los ojos abiertos, silenciosa e inmóvil sobre la cama. Ambas se acercaron, cautelosamente pero, sorprendentemente, ella fue la primera en hablar, preguntando por qué esa extraña actitud de acercarse a la cama.

– No es gran cosa, hija mía. No has estado bien estos días y el Dr. Fernando vino a verte. ¿Cómo te sientes ahora?

– No siento nada; estoy un poco aturdida, pero eso pasa pronto.

– Yo también lo creo - dijo el médico -, así está mejor, gracias a Dios.

✳ ✳ ✳

En la mente más grande

Rose volvió a la normalidad; no volvió a pasar nada hasta el octavo día. Ese día no se despertó a la hora habitual y Nata inmediatamente se dio cuenta que otra vez estaba mal.

Roberta estaba llegando a la habitación y se dirigió hacia Rose, demostrando que estaba feliz de haber finalmente despertado.

– Rose, querida; tienes mucho sueño, ¿sabes? ¿Por qué no te levantas temprano y sales a caminar un poco con Nata en el jardín? El viejo Rodrigues se queja que nunca volviste a aparecer.

Y mientras Roberta hablaba, se acercó a la cama, en la que estaba sentada, tratando de besar a su hija; pero ésta, con un brazo, la repelió y se sentó, visiblemente asustada.

– ¡Dios mío! – exclamó Roberta –. ¿Terminará esto alguna vez?

Pero Rose respondió rápidamente, en el mismo idioma extraño que el Dr. Fernando había dicho que se parecía al ruso, por la prueba que le había hecho con el atlas.

Ahora hablaba rápido, muy emocionada, y saltó de la cama con la cara sonrojada.

– Doña Roberta - preguntó Nata -, ¿quieres hablarme un poco aquí en la sala?

Cuando llegó, habló en voz baja al oído de Roberta:

- Ella realmente habla ruso, doña Roberta.

– ¿Es realmente posible algo así? ¡Qué absurdo! Rose nunca estudió este idioma.

– Te garantizo lo que digo; ¿olvidas que nací en Ucrania, donde se habla ese idioma?

– ¡Oh! Es verdad. Lo siento Nata. Pero luego dime de qué ha estado hablando durante tanto tiempo.

– Dice que quiere hablar con su padre y le pregunta dónde está.

– Entonces mandemos a buscar a Walli. Pero Nata ya estaba allí con ella, la otra vez ella estaba así, pero se escapó de él de la misma manera.

– Así es, doña Roberta; pero resulta que ella quiere hablar con su padre ruso y no con el Sr. Valentino. Su padre se llama Iván.

– ¡Dios bueno! ¿Quién puede entender esto? Quédate aquí con ella, llamaré al Dr. Fernando otra vez.

✷ ✷ ✷

El médico respondió de inmediato y Roberta le contó la conversación que había tenido con la criada, confirmando su suposición que era ruso. Meditó un poco y luego aconsejó a la doncella que permaneciera siempre con Rose.

– Puede ser que se entiendan y la criada nos proporcione elementos decisivos, para que podamos llevar el caso con mayor seguridad.

Doña Roberta estuvo de acuerdo; llamó a Nata y le dio instrucciones para hablar con Rose e intentara resolver el caso de una vez por todas.

– Pero evita contradecirla - recomendó el médico -, lo que queremos es que ella salga de esta alucinación que viene desde hace mucho tiempo.

✻ ✻ ✻

Con esta medida la situación quedó mucho más clara para todos y Nata comenzó a desempeñar su importante papel como intérprete y enfermera.

Se sentó junto a Rose y la saludó en ruso; el efecto fue inmediato; Rose rápidamente se volvió hacia Nata, sonrió y fue fácil iniciar una conversación amplia, fluida, franca y amigable, que culminó con la narración de la dramática historia que estaba viviendo Rose.

– ¿Te sientes mejor ahora? - Preguntó, tomando sus manos.

– Si mucho mejor; pero me siento sola, abandonada, sin saber realmente dónde estoy.

– No estás sola; seré como tu madre, si estuviera aquí; puedes confiar en mí completamente.

– No puedes ser mi madre; ella murió cuando yo nací; eso es lo que papá siempre decía. Si mi madre no hubiera muerto, no habrían pasado muchas cosas malas.

– Cálmate, vámonos; esto es siempre así para todos nosotros; las madres no deberían morir, pero siempre mueren y nosotros, los hijos, quedamos atrás. Ahora ya no estás sola. Te ayudaré en todo. ¿Por qué estás tan asustada?

– Los franceses están en la finca y no sé dónde está mi padre.

– ¿Cuál era su nombre?

– No, no se llamaba: no murió. Su nombre es Iván.

– Sí, lo sé. Pero sigue contando lo que pasó.

– Maximino volvió asustado, diciendo que todo parecía tranquilo, pero vio llegar mucha gente y llenar el camino. Doña Isabela no quería que fuera, pero fui, a ver qué le había pasado a mi padre. Pero antes no fuese... ¡qué vergüenza!

Y empezó a llorar desconsolada y sin aliento, dejando de hablar. Nata la acomodó mejor en la cama, la arropó con la manta y se sentó a su lado, para darle confianza.

– Si quieres dormir, puedes hacerlo; me quedaré aquí a tu lado.
¿Tienes hambre?

– Sí, tengo hambre.

– Voy a buscar un poco de leche. No te muevas y espérame.

– Sí, pero no tardes; no me dejes sola, por favor.

Nata pronto regresó con un pequeño refrigerio y la obligó a comerlo.

Cuando terminó, parecía más emocionada y sonrió haciendo preguntas:

– Pero, ¿quién eres? Todavía no nos hemos presentado.

– Soy Natuska, tu amiga ahora.

– No me acuerdo; ¿De dónde eres?

– Nací en un pequeño pueblo de Ucrania llamado Lutski, junto al río Styl. ¿Lo conoces?

– No; ¿qué está cerca?

– De Kremenetz, una ciudad muy grande, no muy lejos.

– Yo tampoco lo conozco.

– ¿Y tú, dónde naciste? ¿Y cómo te llamas?

– Mi nombre es Katia y nací en Smolensk.

– Buena ciudad. Está cerca de Moscú, ¡eh!

– Mi padre dijo que sí; nunca he estado allí.

– ¿Quieres levantarte de la cama y quedarte junto a la ventana? Yo te ayudo.

– No, no quiero; me siento mareada; me quedaré aquí.

– Así que nos quedamos. Estoy disfrutando hablar contigo. Cuando contamos cosas, las dejamos salir y nos sentimos más ligeras, ¿verdad Katia? Pero si no quieres, está bien; haré otra cosa.

– No, no. Quiero que te quedes; no sé dónde estoy y te necesito.

– Así que sigamos hablando, hasta que te mejores y tu cabeza esté bien asentada; hablando, estoy segura que lo recordarás todo. Tenías fiebre, lo que te dejó confundida y aturdida.

– Realmente lo estoy, pero quiero recuperarme pronto. Pero, ¿dónde estoy?

– Así que cuenta tu vida y luego yo te contaré la mía; así uno distrae al otro; ¿quieres?

– Sí, quiero; te lo diré todo claro; estoy empezando a recordar cosas, pero todo me llega rápidamente y me marea.

– Habla despacio, cosa por cosa, pensando solo en lo que estás diciendo en ese momento y no dejando que lo demás suceda, ¿entiendes?

– Sí comprendo. Voy a hablar primero de la finca, todo lo relacionado con la finca, ¿no? Porque nací en la finca de mi padre, conocido como tío Iván por el lado del puente. No conocí a mi madre porque ella murió cuando yo nací. Siempre me quedé allí en la finca. La persona que me cuidó fue Andrea, una mujer pobre, sin familia, a quien mi padre acogió en la casa. Cuando ella murió de fiebre, yo era casi joven y me ocupaba de la casa.

La gente que vivía más cerca de nosotros eran los Moreslaus, muy buena gente que me caía muy bien. Su finca era como una finca grande, y su madre Isabela había sido muy unida a mi madre, como hermanas, como siempre decía mi padre; yo pasaba más tiempo en su casa que en la nuestra, porque la nuestra estaba al lado del puente Beresina y mi padre vivía de dar de comer y beber a los que pasaban.

Todo iba bien hasta el día que empezó la guerra y perdí todo lo que tenía e incluso a mi padre, a quien nunca volví a ver.

En ese momento empezó a llorar y no podía continuar, diciendo que tenía mucha confusión en la cabeza, solo de recordar estas cosas.

– Está bien, Katia. Descansa un poco; cuéntame despacio y te ayudaré a recordar.

Katia se acomodó mejor en la cama, pidió que corrieran más la cortina de la ventana y comenzó nuevamente el relato, que comenzó a hacer en una especie de trance emocional, como si estuviera viviendo todo lo que describía, de las escenas dramáticas de su pasado lejano, todavía tan fielmente grabado en tu mente; una vida diferente, como nunca podría imaginar si fuera Rose; mundos y realidades groseros y violentos, tan incompatibles con la vida de la hija de un rico industrial de la civilizada capital de Bandeirante.

CAPÍTULO V
La Invasión

Observación:

La historia que contó Katia, viviendo los hechos como el momento en que ocurrieron, se publica aquí de forma literaria, ordenada para evitar confusiones y ser mejor comprendida. A lo largo de esta narración, el Autor no se atuvo estrictamente a las reglas ortográficas y gramaticales, especialmente en los diálogos, para adaptarse mejor a la forma de hablar del narrador.

✳ ✳ ✳

"Katia se encontró en un entorno familiar, donde estaba ubicada la granja de su padre; un entorno duro y monótono, situado en una enorme llanura que se perdía de vista en la línea casi indistinta del horizonte abierto por todos lados.

Se encontraba en una habitación pequeña, con una mesa y cuatro sillas rústicas en el centro, con asientos de paja tejida, común en las casas de campo de la gente pobre.

Escapando de la soledad, se levantó y se dirigió a una ventana entreabierta, que daba a un patio interior, donde gallinas de diversos colores arañaban el suelo fangoso, algunas acompañadas de bandadas de polluelos voraces. Se sentó en una silla junto a la ventana y se interesó por la forma brutal en que la gallina ayudaba a sus polluelos a alimentarse, hundiendo sus garras en el suelo, rascando con fuerza de un lado a otro, sacando escombros y pequeños pedazos que los polluelos se apresuraron ansiosamente en devorar. Permaneció allí largo rato, con expresión apática, indolente.

En otro rincón del patio, separado de él por una valla baja de rústicos listones de madera, que desembocaba en el río, graznaban patos de distintos colores, batiendo las alas, algunos, en el río, nadando tranquilamente, hundiendo el cuello; el agua para buscar escombros o peces pequeños que pasaban a la deriva y se sacudían hasta la orilla, a la sombra de un árbol achaparrado y sin hojas.

Saliendo de la ventana, pasó por una puerta a la derecha y pasó por un huerto, donde había verduras y hierbas aptas para condimentar los alimentos; tomando hojas de unos y otros, caminaba aplastándolas entre sus dedos, para oler su perfume; y se dirigía hacia el palomar, al fondo del jardín, cuando escuchó un llamado desde el interior de la casa; era una voz áspera y ronca, que sabía que era la de su padre; luego corrió gritando:

– Ya voy, papá; ya voy.

– Katia, ¿qué haces vagando por ahí sin ir a darle de comer a las aves? Ya es hora.

– Ya voy, papá, ya voy.

Corrió hacia el granero, al fondo del patio embarrado, temiendo represalias que, sabía, no tardarían en llegar, en caso de demora. Pero la voz ronca volvió a alzarse:

– ¿Cuántas veces te he dicho que no cruces patio de las aves? ¿Por qué no tomas el camino cubierto, donde no hay barro para ensuciarte los pies? ¿No entiendes algo tan simple?

Luego regresó a la habitación y volvió a salir por la puerta lateral, tomó la pasarela y entró en el granero, donde las cajas de madera que contenían las raciones estaban alineadas contra la pared. Tomó la palangana de cobre que colgaba del soporte central y la llenó con grano destinado a los patos; salió al patio, llamó a las aves, vertió los granos en un comedero de madera contra la cerca y volvió a preparar el pienso de las gallinas, vertiéndolo en otro recipiente similar al otro lado del corral.

Se calzó los zuecos para cruzar el patio embarrado y se dirigió hacia la rampa que bajaba al río; pero luego se detuvo: al otro lado de la orilla vio que se acercaban innumerables jinetes armados de largas lanzas, que se delataban.

Rápidamente se dirigieron al puente, donde se apiñaron, observando algo que ella no podía ver.

Era el final de la estación y los árboles de la finca estaban echando hojas y el viento frío ya barría la llanura, procedente del norte, agitando ligeramente las aguas del río. Mientras miraba, sin entender lo que pasaba, llegaron otros grupos de jinetes y, al poco tiempo, había una multitud, esparcida a lo largo de la orilla del río, a derecha e izquierda del puente.

Mirando más lejos, vio asombrada que legiones de ellos se movían en la misma dirección y, entonces, alarmada, corrió hacia adentro, llamando a gritos a su padre.

– Padre, padre, ven rápido, se viene un mundo de gente armada.

Atendiendo a la llamada, un hombre alto, delgado, imberbe y con un fino bigote que le caía sobre la boca, bajó a la habitación, procedente del desván.

– ¿Qué son esos gritos, Katia? ¿Quién viene?

– Mira por la ventana.

Miró e inmediatamente frunció el ceño y corrió hacia el granero, subió al sótano y, escondiéndose entre la paja, miró de nuevo; desde allí podía ver mucho más a lo lejos; y tapándose los ojos con la mano derecha abierta, a modo de visera, reveló de lejos el tramo del camino por donde se acercaba una gran legión de tropas.

Bajó rápidamente, nervioso, maldiciendo y sosteniendo el brazo de Katia rápidamente le dijo:

– Son los franceses los que están llegando; ya los conozco bien. Corre para advertir a los Moreslaus que se escondan; y quédate con ellos; esconde el ganado, los caballos, las herramientas. Que huyan a los bosques de las canteras; lleva toda la comida que puedas y colchones para dormir. Di que la guerra que se avecina y que, ahora, ya nadie tiene la vida asegurada, ¿entiendes?

– Sí, mi padre; estoy corriendo - pero él volvió por la puerta del patio -, ¿y tú? ¿Vienes pronto también?

– No; avísales que no iré. Sé cómo lidiar con ellos y me quedo aquí a defender la finca y ganarme la vida. Vamos, date prisa, niña.

Katia huyó rápidamente, por la parte de atrás, intentando no ser vista desde la otra orilla. Al cruzar el patio de las aves soltó la cadena que sujetaba al perro guardián.

– Ven conmigo, turco, o los franceses te matarán. Corre. ¡Dios mío! - Exclamó mientras corría -. ¡Qué malo es esto ahora y tan de repente! ¡Y ese camino está tan sucio de maleza!

Agachada bajo los arbustos raquíticos, corrió seguida del perro, deteniéndose de vez en cuando para descansar.

– ¡Dios mío! ¡Mira, Turco, ya cruzaron el puente y están rodeando la casa! Y vienen otros y otros; ¡cuántos! ¡Nunca había visto tantos soldados juntos! Mira esos coches: parecen cañones; nunca he visto ninguno, pero creo que sí, porque papá me dijo cómo eran. Y mira a los caballeros con las lanzas. ¡Son más grandes que los caballos!

Y mientras hablaba al perro, como si entendiera, corría hacia la casa de los Moreslaus; ya estaba más cerca y, bajo un montículo de tierra, volvió a mirar hacia el río.

– Ya están dentro de la casa, prendiendo fuego al patio. Y mi padre, Turco, ¿qué le pasó? - Y siguió corriendo -. No quiero ver nada más. Vámonos Turco. Que sea lo que Dios quiera.

Y así de asustada, jadeante, llegó a la finca Moreslau.

– ¡Señora Isabela! ¡Señora Isabela! Rápidamente, gritó, en el patio frente a la casa -. Ven rápido; los franceses están llegando.

– ¿Quién grita ahí? ¿Katia? - Preguntó, desde lejos; una mujer alta, gorda y de mediana edad -. ¿Quién viene, niña?

- Los franceses, madre Isabela. Mi padre me dijo que escapara aquí y avisara.
Ya entraron a nuestra casa y mi padre dijo que no hay tiempo que perder.

Habló rápidamente, mezclando las palabras, asustada.

- ¡Por la Virgen de Chestochova! Esto es todo lo que nos faltaba; la maldita guerra; y ahora mismo, cerca de la cosecha. ¿Hay muchos, niña?

– ¡Oh! Llenan la llanura hasta donde alcanza la vista.

- ¿Qué haremos, Dios mío? ¿Qué haremos? - Exclamó Isabela poniéndose las manos en la cabeza.

- Ya me lo dijo papá, mami: huir y llevar todo lo que pueda al bosque de la cantera.

– Marcus, Igor, Anucha - gritó Isabela, nerviosa, llamando a sus hijos -, vengan rápido, dejen todo lo que están haciendo.

Cuando los niños acudieron al llamado, asustados por la gritería, ella siguió hablando en voz alta, dando órdenes inconsistentes:

- ¡Vamos a esconder todo y huiremos al bosque, porque los franceses han invadido el país! Dense prisa, niños, porque de lo contrario nos matarán a todos.

Y luego hubo una conmoción, que duró algún tiempo, con voces susurrantes, movimientos rápidos de un lado a otro, hasta que los animales, herramientas y objetos más valiosos fueron transportados al bosque, que estaba a unos dos kilómetros de allí. Ofrecía muy buenas condiciones de seguridad, pues entre las casas había un pantano, con un cruce peligroso y traicionero.

Con el último viaje se llevaron los colchones, la comida, las mantas y demás, y en poco más de dos horas, la casa de la granja estaba cerrada, abandonada, reinando solamente el silencio en aquella área, mientras que en la carretera, todo lo contrario, el tráfico era intenso.

Desde su escondite en el bosque, donde montaron un verdadero y bien organizado refugio, siempre con uno de los vecinos vigilando el camino como centinelas, los Moreslau se mantuvieron al día del acontecer diario del eje de la carretera principal y contempló, horrorizado, aquella terrible matanza.

Ese día, más preocupada que nunca por el destino de su padre, Katia, acompañada por Igor y Marcus, se deslizó por el sendero del pantano por la noche, dispuesta a entrar a la granja y hablar con Iván.

Llegaron a las afueras de la casa y vieron que estaba ocupada por soldados y que su padre les atendía, llevándoles comida y bebida, en un constante ir y venir desde la sala hasta la cocina. En la entrada, junto al puente, grupos aislados de soldados calentaban ellos mismos, permaneciendo alrededor de pequeñas hogueras, disfrazados con cubiertas de tablas y ramas secas, para no ser vistos por los asaltantes enemigos; otros grupos se reunieron en las proximidades de la casa, parecían exhaustos, congelados, acurrucados para calentarse; y todo bajo un silencio sepulcral, que exigieron los oficiales, como medida de seguridad ante los ataques de las patrullas cosacas, que continuamente rodeaban, como buitres, a las unidades en retirada.

El río había crecido y rugía con fuerza entre los escombros compuestos por objetos de todo tipo, incluso vehículos destrozados, que eran desechados y no debían caer en manos del enemigo; y también como protesta muda de soldados contra la situación de penuria y miseria en la que se encontraban.

Ya no había vehículos, ni caballos, ni siquiera oficiales a caballo, marchaban a pie, tambaleándose por el camino húmedo y helado, deteniéndose en la cabecera del puente, fuertemente custodiados, para un descanso que era constantemente interrumpido por los despiadados cosacos, contra los que ya no ofrecían ninguna resistencia que mereciera tal nombre.

Asomándose, agazapados, detrás de un muro de piedra, Katia y sus compañeros, vieron que, para custodiar el puente, Iván también traía constantemente bebidas calientes, para ayudar a los soldados a resistir el terrible frío del exterior, que la nieve cubría como un manto.

Al darse cuenta que no había posibilidad de penetrar la casa, Katia decidió retirarse y, entonces, abandonaron el refugio, intentando llegar al sendero que conducía al bosque, pero ya no pudieron hacerlo, porque fueron vistos y rodeados por un grupo de soldados harapientos que a través de gestos y amenazas exigían alimentos. Llegaban al sitio del puente pero, en lugar de seguir siempre el camino, se desviaron de él por un sendero que, precisamente, conducía a la granja de los Moreslau; e iban a dirigirse allí cuando vieron a Katia y los dos compañeros.

Asustados, los niños intentaron huir pero Katia, menos rápida, fue atrapada por uno de los soldados, quien comenzó a arrastrarla hacia la casa; al ver esto Marco corrió en su ayuda y corrió contra el soldado, pero fue gravemente herido por él y Katia, gritó pidiendo auxilio y sus gritos fueron escuchados por un oficial, que estaba en el puesto y que inmediatamente acudió ahuyentando a su captor y sus compañeros, quienes huyeron buscando el camino.

– No tengas miedo - dijo dirigiéndose a Katia -, ahora estás a salvo; pero como ella demostró que no entendía lo que había dicho, la tomó de la mano y la llevó al puesto, donde la presentó al capitán que en ese momento comandaba el destacamento de guardia del puente.

– Esta chica es mi prisionera – declaró -, estaba siendo atacado por un grupo de soldados desbandados.

– ¿De dónde viene, teniente Bertrand?

– Lo ignoro; la encontré al lado del puesto; estaba en compañía de dos muchachos campesinos, uno de los cuales fue herido y el otro escapó por la llanura, hacia una casa abandonada cercana.

– Definitivamente es una espía de los rusos que actúan a nuestras espaldas. La juzgaremos y ejecutaremos sin más demora; mientras tanto, organiza una patrulla y registra la casa que mencionaste.

– Pido permiso para interrogar a la niña, capitán.

– ¿Qué interés tienes?

– Ninguno en especial; pero la salvé y es una mujer… una simple adolescente, capitán.

– Pues bien; te doy una hora.

Bertrand llevó a Katia a un cobertizo al lado de la puerta trasera de la casa y apenas empezó a interrogarla, Katia vio a Iván, cruzando el patio con un cubo de agua en la mano, le gritó:

– Papá, soy Katia, ayúdame; estoy en el cobertizo.

Al escuchar la llamada, Iván colocó el balde en el suelo y la encontró, pero, al entrar, fue detenido por el teniente, quien le preguntó, receloso, si conocía a esa chica.

– Sí; es mi hija, teniente - respondió Iván, que sabía francés y hablaba un poco -. Déjeme entrar; quiero hablar con ella.

Asustado, le preguntó a Katia qué hacía allí tal como había llegado.

– Vine a ver qué había pasado, señor, e Igor y Marcus vinieron conmigo.

– Estás loca. ¡A esta hora solos en este desierto lleno de malhechores!

– Entonces realmente es tu hija, dijo Bertrand. Esto simplifica todo.

– Sí teniente, es mi hija Katia; había ido a visitar a unos parientes río abajo, a unas tres millas de distancia, y vino para ver cómo estaba. Te pido que la liberes.

– Vayamos con el capitán Dumorea.

– Por mi parte, estoy de acuerdo. No toco a las mujeres así.

Cuando entraron en la habitación vieron que los ocupantes del puesto dormían todos en el suelo, envueltos en sus abrigos embarrados.

– Si eres capaz de mantenerla escondida en algún lugar hasta que despierte, cuídala - dijo el capitán.

– Ciertamente puedo.

– Entonces llévala.

Ivan inmediatamente transfirió a Katia a un escondite duro en el sótano de la casa - donde los soldados y los inferiores no podían entrar -, abrió un hueco en la paja y la manta para que ella pudiera respirar y, sentándose a su lado, le hizo contar todo lo sucedido desde el día de su fuga.

Katia rápidamente contó todo, incluso que Marcus había sido herido por el soldado que la había aprisionado y cuyo cuerpo tal vez todavía estaba abandonado en el lugar de la pelea.

– Ve allí, papá y sálvalo de cualquier daño; arriesgó su vida para salvarme.

– No creo que pueda hacer eso sin revelar el secreto escondido en el bosque, traicionando a toda la familia. Quizás sería mejor guardar silencio; pero si puedo actuar, haré lo que quieras. Voy a bajar ahora, me llamarán y no salgas de aquí.

En el mismo momento y antes de irse, sonó un gran ruido desde el camino; gritos, llamadas de advertencia, voces de mando. Estas alarmas eran constantes a lo largo de toda la interminable carretera que salía de Moscú; siempre reveló los ataques relámpago de los cosacos salvajes que, desde el inicio de la retirada no dio tiempo a las tropas para descansar.

Ahora atacaban la retaguardia de la columna y también el flanco izquierdo, que involucraba la zona donde se encontraban algunas familias conocidas, incluida la de los Moreslaus.

Mientras Iván se apresuraba hacia abajo, Katia abrió un poco más su tronera de paja y vio a los húsares franceses pasar rápidamente por delante del puesto, con el teniente Bertrand al mando. Con las espadas en alto, alzadas en los estribos, cargaron con toda su fuerza contra los ligeros y hábiles caballeros cosacos, que atacaban, retrocedían y atacaban de nuevo, haciendo rápidas evoluciones, lo que les permitía tomar siempre a los franceses por el flanco, matándolos en gran número, mientras estaban más allá y debajo del puente, los retirados aprovecharon la cobertura mortal de los húsares para reanudar rápidamente la marcha, abandonando todo lo que no fuera sus propias armas y municiones individuales.

Los combates duraron toda la noche, y cuando el Sol naciente llenó la llanura de reflejos dorados en la gran capa de nieve, Katia vio que ya no había franceses a la vista, mientras los cosacos, desmontados, buscaban los puntos donde las tropas se habían ubicado hacia algunas horas y recogieron el botín, lo mismo hicieron con los cadáveres que yacían en gran número en la nieve, llevándose sus ropas, zapatos, armas, dinero y objetos personales.

Oyó que su padre la llamaba abajo, al pie de la escalera móvil que estaba apoyada contra el techo de madera.

– Baja rápido – llamó -, huyamos antes que lleguen los cosacos; no respetan nada y estamos entre la vida y la muerte.

Obedeciendo, Katia descendió rápidamente y partieron en la penumbra del amanecer, intentando ganar el sendero del pantano; y ya habían caminado media milla cuando ella, que iba delante, se detuvo y, inclinándose, mostró el cadáver de Marcos, aun reconocible por su rostro vuelto hacia un lado, que la nieve aun no había cubierto.

– Llevémoslo, papá.

– Nada de eso. Debemos avanzar; no hay tiempo que perder.

Mirando hacia atrás, vieron que los cosacos ya habían penetrado el puesto y dos de ellos, que los vieron, vieron que los seguían, tropezándose con la maza endurecida por el fuego.

Al cabo de un breve minuto uno de ellos los alcanzó con el arma lista para disparar.

- Soy un soldado ruso retirado - le gritó Iván, intentando detenerlo -, y esta es mi hija Katia.

– ¿Por qué huyen entonces?

- Sin saber quién iba a atacar el puesto, huimos, a esperar que las cosas se aclararan. Guarda tu arma, camarada; somos amigos.

El cosaco, acariciándose el largo bigote, todavía los miraba desconfiado, a pesar de ver que eran rusos.

– ¿Qué hacías en el puesto?

- Me convertí en prisionero de los franceses y me obligaron a ser sirviente para ellos y mi hija también se quedó, porque es donde vivimos.

- ¡Y tu hija también les sirvió...! Al parecer se llevaba bien con el trabajo, pues está muy alegre, sonrojada, bonita...

- Te equivocas, camarada. Ella permaneció escondida todo el tiempo en un hueco en el techo, incluso muerta de hambre, para no ser descubierta; solo que ahora, con la confusión que rodeaba la captura del puente, decidí huir y luego regresar.

- No me engañan. Si eres el dueño de la casa, debes tener cosas buenas escondidas y yo quiero verlas, porque son mis prisioneros.

Al regresar al puesto, fueron llevados ante la presencia de un oficial cosaco, quien los interrogó extensamente, concluyendo que Iván era sospechoso y Katia su cómplice, al no poder explicar los motivos de permanecer tanto tiempo bajo fuego en la finca ocupada por el enemigo. Y bebiendo un gran trago de vodka, inmediatamente dio la sentencia a Iván: llévenselo y mátenlo y en cuanto a la chica le dijo, dirigiéndose a ella:

– Tú que tan bien serviste a los franceses, servirás ahora a tus compatriotas, aquí, en este mismo puesto, mientras dure la guerra; estarás a cargo de las cocinas y viviendas de los oficiales que vengan aquí - y, amenazante, con el dedo en ristre -, no les niegues nada, porque de lo contrario tendrás el mismo fin que tu padre. Ahora vete.

Katia retrocedió, aterrorizada por su destino en manos de aquellos bárbaros.

* * *

Pero todo cambió brevemente porque, esa noche, llegó al puesto un destacamento del ejército regular, al mando del teniente

Boris, cuya tarea era reponer las tropas en la guardia del puente, porque iban a continuar hostigando a la retaguardia enemiga hasta la frontera con Polonia.

Tan pronto como los cosacos se marcharon, el teniente Boris ordenó que trajeran a Katia ante su presencia:

– Ya conozco tu culpa y el final que inevitablemente tendrá tu padre.

Pero no soy sanguinario y prefiero darte la oportunidad de rehabilitarte trabajando para abastecer de alimentos a mi destacamento. ¿Aceptas?

– Acepto, pero quería saber de mi padre. ¿A dónde lo llevaron?

– Lo ignoro; nos ocuparemos de eso más tarde. Asume tus funciones y espero que todo vaya bien.

✳ ✳ ✳

Prisionera de guerra

Fueron días terribles en los que Katia no tuvo un momento de descanso, esforzándose por cumplir la pesada tarea recibida. Eran sesenta hombres brutales y voraces a los que debía alimentar dos veces al día, escuchar sus coqueteos, descaros y bajezas de lenguaje, sin poder mostrar ningún gesto o mirada de disgusto, so pena de ser declarada cómplice de su padre y ejecutada. La sentencia que le había impuesto el comandante cosaco permaneció en vigor mientras el destacamento de Boris cumpliera, y aunque Boris parecía más humano y cortés, no podría haber actuado de otra manera, protegiéndola, si por su parte hubiera habido algún fracaso o mala voluntad. Cuando, al final del día, subió al desván, que ya había ocupado antes, estaba moralmente exhausta, agotada, apenas podía moverse; y muchas veces las pocas horas de sueño tranquilo que dormía no le daban, al levantarse, con el Sol saliendo, la seguridad de poder afrontar el trabajo, enfrentando las exigencias del trabajo pesado. Pero ella reaccionó y soportó todo con la esperanza de seguir viva y con su padre.

✳ ✳ ✳

Treinta días después la carretera se consideraba completamente libre, con los franceses penetrando en tierras polacas, perseguidos por los cosacos.

El teniente Boris ordenó cerrar la granja y se retiró con su destacamento a Ucrania, llevándose a Katia consigo, en uno de los carros de comida.

– Vas conmigo Katia; me gustó tu manera de trabajar, tu buena educación. Veremos qué puedo hacer.

No supo cuántos días marcharon, de tantos; parecía que no tenían ningún deseo de regresar a sus hogares. Y en cuanto a ella, ¿cuál sería su destino?

Una de las veces, ya entrada la noche, en el campamento al costado del camino, cuando le hicieron esta pregunta, escuchó en sus oídos, como un susurro casi inaudible, esta especie de respuesta:

– No temas, hija mía; nosotros velamos por ti.

Asustada, se levantó sin hacer ruido, salió y rodeó el vehículo en el que viajaba, pero no encontró nada; todo quedó inmerso en el más profundo silencio y, a través de una franja de nubes, la luna iluminó el campamento como si fuera de día. A partir de esa noche siempre escuchó esa voz dándole fuerza.

Hasta que finalmente llegaron a las puertas de Kiev, a orillas del río Dieper, donde acampó el destacamento. Fue al final del viaje, pensó y, como confirmación, escuchó la fuerte voz de Boris hablando a los soldados.

– Como recompensa por la disciplina que han mantenido a lo largo de este largo tiempo, les doy veinticuatro horas de franco. Pueden ir a donde quieran; pero, si van a la ciudad, exijo el mayor respeto y disciplina; y miren ahí – dijo -, nada de peleas ni de valentías estúpidas.

Y volviéndose hacia Katia, le ordenó que permaneciera en el campamento y que hablarían más tarde. Se encerró en su tienda donde, poco después, al pasar sin hacer ruido, vio que estaba bebiendo grandes tragos de vodka. Se sentó sobre un tronco podrido para pensar cómo proceder.

Cuando escuchó el mismo ligero murmullo que decía:

- Se va a dormir; escapa a la ciudad.

Obedeciéndole instintivamente, recogió algunos enseres domésticos y ropa más limpia y esperó, con los oídos abiertos, a que se quedara dormido; ya sabia como él dormía...

Poco después, cuando el camino estuvo desierto, se escabulló del campamento y caminó alborotada hacia la ciudad, que estaba como a dos verstas de distancia, y cuando llegó allí el Sol se ponía en el horizonte.

Estaba perpleja y desorientada, bajo un árbol cubierto, en el centro de una plaza y mirando hacia todas partes, temiendo ser aprisionada por un soldado que conocía del destacamento; pero, mirando al frente, vio un edificio enorme lleno de ventanas, todas cerradas; y vio unas figuras delgadas, que supo que eran monjas, dirigiéndose a la mansión y entrando por una puerta grande, en el centro. Y la voz volvió a sonar en sus oídos, diciéndole que entrara también, rápidamente por esa puerta.

Así lo hizo y se encontró en una antecámara, sin un solo mueble; obedeciendo siempre a la inspiración salvadora, tiró de la cuerda que colgaba de la bandera y, cuando se abrió una trampilla, se acercó rápidamente y, aun sin saber con quién hablaba, pidió ayuda:

– En el nombre de Jesucristo, te pido que me acojas; estoy huyendo de los soldados que me encarcelaron en la guerra y no quiero que me arresten de nuevo. Ayúdenme hermanas; no tengo a donde ir.

– Espera un rato y cálmate - respondió una voz lenta y suave desde el interior.

Se agachó en el rincón más oscuro y ventoso, y esperó.

Momentos después la amplia puerta se abrió lentamente y la misma voz llamó:

– Entra rápido.

Corrió y entró, encontrándose con una monja anciana, que la invitó a seguirla. Cruzaron un claustro que daba a un patio interior y entraron en una pequeña habitación donde había una mesa y dos sillas rústicas.

– Siéntate y espera, la madre te atenderá.

Ella obedeció; sin embargo, ahora más confiada y tranquila; el corazón, que latía con fuerza, se hizo más lento, lleno de esperanza de salvación; pero a veces daba un salto violento cuando le cruzaba por la mente la idea de no recibir respuesta. Rezaba fervientemente, sin parar, repitiendo el pedido de ayuda, cansada ya de la vida errante y peligrosa que llevaba durante tanto tiempo, desde la detención de su padre. De sus recuerdos y miedos conmovedores fue devuelta en sí por la pregunta que sonó en sus oídos, proveniente de la puerta.

– Soy la Madre Viviana. Escuché tu grito de ayuda.

¿Le puedo ayudar en algo?

Postrada a los pies de la madre, apenas pudo pronunciar una palabra, por lo que tuvo que levantarla y colocarla en una de las sillas.

– Habla sin miedo. No tienes nada que temer estando aquí en esta casa de Dios.

– Hui de los soldados, madre, y ya no puedo salir a la calle; me arrestarán y no quiero sufrir más, como he sufrido entre ellos. Espero el corazón de madre me acepte en esta santa casa, como el último de los sirvientes, para hacer lo que sea, siempre y cuando pueda permanecer aquí para siempre.

– Cálmate y cuéntame qué te pasó. Sin eso no puedo resolver nada sobre ti.

Más tranquila y animada, Katia obedeció y contó con todo detalle las circunstancias que la llevaron a esa ciudad, como criada interna del destacamento del teniente Boris, del regimiento de caballería que se encontraba en aquella ciudad y en cuyo cuartel, al día siguiente ella debía presentarse. Si fuese encontrada en la calle por alguno de los militares que la conocen estaba segura que la llevarían de vuelta con el teniente Boris, quien la castigaría violentamente.

– ¿Por qué razón?

– Porque me necesita, para demostrar que no fui cómplice de las acciones de mi padre; yo era su prisionera y eso demostraba que él no estaba de acuerdo con esa actitud.

– ¿Eso significa que la entregará a la policía como culpable?

– No lo sé, madre; nunca me habló de mi destino; y eso también es lo que me aterroriza.

– Cálmate, hija mía; entendí tu drama y no te pasará nada, y mi corazón me dice que eres sincera. A partir de ahora serás una servidora de este monasterio, vestirás nuestro hábito y nadie se atreverá a maltratarte.

Tocó un timbre en la mesa, llamó adentro y pronto se adelantó otra monja, a quien le mostró a Katia, diciéndole:

- Sor Natália, esta niña es nuestra hermana Catalina, que vivirá con nosotros, como novicia; mientras tanto, permanece como asistente de sor Teresa, en la cocina del monasterio. Preséntela a los otros servidores; es una refugiada de guerra y hay que olvidarlo.

CAPÍTULO VI
Hermana Catalina

Y el telón del tiempo se cerró sobre Katia durante más de quince largos años durante los cuales, en aquel monasterio de Kiev, tuvo una nueva vida, como Catalina, convirtiéndose en modelo de obediencia, conformidad, humildad, al servicio de los necesitados que acudían en masa al puertas los domingos para recibir comida, ropa y consejos, dedicándose finalmente por completo a esta tarea.

Después de un tiempo comenzó a servir a los necesitados en sus propios hogares, llevándoles todo lo que necesitaban. Cuando los recursos materiales escaseaban, oraba fervientemente con los necesitados y desfavorecidos y, la mayor parte del tiempo, siempre recibía respuesta y donaciones caritativas llegaban de muchos lugares.

Así fue como fue conocida y amada por todos, pobres y ricos.

Cuando las medicinas escaseaban, la misma voz misteriosa le ordenaba imponer las manos sobre los enfermos y se producían curas, creando a su alrededor una fama de santidad que pronto se extendió por muchos lugares.

Una de estas veces respondió a un llamado urgente de ayuda en uno de los barrios más pobres de la ciudad. Sacó su cesta, siempre equipada con lo necesario para estos casos, se cubrió con su capucha, para protegerse de la nieve que caía en grandes copos, y salió, siguiendo al mensajero que había traído la orden.

En una casa en ruinas, abandonada durante mucho tiempo, en una habitación vacía de muebles, encontró al paciente tendido en el suelo, sobre una estera y tosiendo sin cesar, apoyándose en el pecho con las manos. A primera vista pareció reconocer en aquel ser indefenso al teniente Boris, que la había salvado de las manos de los cosacos y la había traído a Kiev: la misma frente ancha, el mismo cabello negro y rizado, la forma ovalada de su rostro, los dientes pequeños y afilados, el azul oscuro de los ojos hundidos... ¿Podría ser él? ¡Imposible!¿Cómo podía estar en esas condiciones desesperadas de profunda miseria?, pensó Catalina, mientras se acercaba al paciente y se inclinaba sobre él para verlo más de cerca.

Vio que estaba casi inconsciente; estaba jadeando, atrapado por una tos angustiosa. Con los medios que tenía, hizo lo que pudo para aliviarlo, pero, viendo que era un caso grave, fuera de su competencia, oró con él y luego salió a buscar al Dr. Constantino, el médico del monasterio, logró llevarlo a esa casa poco después.

– No es fácil, hermana - declaró el médico, después del precario examen en esas circunstancias -, tiene una neumonía en el pulmón izquierdo y no sé ni cómo ha resistido, en este estado de penuria y abandono en el que se encuentra.

– Pero tú te encargarás de él, ¿no? - Ella suplicó.

– Sin duda sí. Por suerte estaba cerca cuando me buscaste; había salido, pero regresé a la oficina para buscar algunas herramientas; un día más que pasara no se salvaría. Pero es imprescindible sacarlo de aquí.

– ¿Dónde podemos llevarlo, Doctor?

– Este invierno hay una epidemia de enfermedades pulmonares y no tengo medios para albergarlo. Pero usa mi nombre y pide a la Madre Viviana que lo ponga en el granero que hay detrás del monasterio donde a veces, como sabes, acogemos a los que no tienen dónde quedarse; el jardinero cuidará de él.

– Está bien, Doctor. Voy a hablar con la madre enseguida y, pronto, pediré la poción que usted recetó. Muchas gracias y Dios los bendiga.

– Este no es el caso para dar las gracias; olvidas que tengo el gran honor colaborar contigo hermana, en tu apostolado de la caridad pública. Cuenta siempre conmigo.

Media hora después regresó sor Catalina acompañada del jardinero, que trajo un carro para uso del monasterio y ropa de abrigo, en la que envolvieron al paciente, lo colocaron en el carro y lo llevaron al granero.

Durante quince días el Dr. Constantino y sor Catalina lucharon codo a codo, incansablemente, para salvar al paciente hasta que, finalmente, mejoró y la tumba retrocedió: rápidamente recuperó sus fuerzas, gracias también a su juventud y a su fuerte constitución.

Ya entonces, para sor Catalina ya no había dudas: era realmente Boris, quien le tomaba las manos de manera dramática.

En los últimos tres días, cada vez que ella entraba al sótano, trayendo medicinas, comida o consuelo, Boris se esforzaba en recordar dónde había visto antes esa apariencia triste y serena, pero no podía recordarlo. Esa tarde, apenas llegó, él la interrogó:

– Sor Catalina; ahora puedo hablar mejor, la veo mejor y veo mejor su cara; ya casi no tengo dolor en el pecho y respiro sin esfuerzo; gracias por sus cuidados, su amabilidad, su paciencia de santa al cuidar de mí, un pobre diablo sin suerte en los recursos, al que la enfermedad sorprendió en la más oscura miseria.

- No te preocupes hermano, no tienes nada que agradecer, ni a mí ni al Dr. Constantino, que tanto hizo para salvarlo de una muerte segura; ambos somos servidores de Jesús, el divino salvador del mundo, y cumplimos su mandato de amar a nuestro prójimo - insistió la hermana al paciente.

— Desde hace tres días intento recordar dónde la vi antes, porque su aspecto es bien conocido: familiar, bastante familiar. No sé cómo explicar esto. ¿Estoy equivocado?

— No puedo decírtelo; quién sabe, tal vez más tarde tú hermanito lo recuerdes... Y ahora tranquilo, porque el Doctor no quiere que hagas esfuerzos para hablar.

Y se fue, ocultando su perturbación.

✳ ✳ ✳

Al día siguiente él la reconoció y se entendieron.

Al regresar al monasterio, fue llamada a la habitación de la madre. Había seguido de cerca el caso del paciente y notado el interés muy especial mostrado por sor Catalina en salvarlo y fue esto, más que nada, lo que la llevó a autorizar que el paciente sea mantenido caliente en el granero exterior de la parte trasera de la casa, violando así ciertas reglas habituales; de hecho, en casos especiales autorizó al médico a utilizarlo, pero solo cuando se trataba de mujeres. La llamó para aclarar mejor el caso.

— ¿Cómo está tu paciente? - Preguntó.

— Casi bien, madre, gracias a Dios. Dos o tres días más y podrá recibir el alta y seguir su camino.

— Confieso que nunca me ha sorprendido tanto cuidado de tu parte hacia nadie en particular y te pregunto si este paciente es, tal vez, una persona que conoces.

— Madre, no sé si debería... - dijo Catalina, confundida.

— Es un deber estricto decir la verdad, sea lo que sea no ocultar nada, lo sabes bien. Esta recomendación no sería necesaria para ti, que eres modelo de virtudes cristianas - y, como mitigando su advertencia, concluyó –, solo insisto porque noté tu vergüenza cuando hice la pregunta.

– ¿Recuerdas, Madre, aquella tarde en que llamé a las puertas sagradas de esta casa pidiendo refugio?

– Lo recuerdo. Huías de un destacamento de soldados que te mantenían esclavizada.

- Pues el oficial que comandaba este destacamento, el teniente Boris, es el mismo al que estamos atendiendo ahora.

- ¿Por eso decidiste ayudarlo?

- Sí Madre; a todo aquel que acude a nosotros, ¿no ayudamos de la misma manera? ¿No fui yo misma ayudada por ti ese día?

En lugar de responder la madre Viviana, se detuvo un rato mirando a la hermana Catalina, que permanecía delante de ella, con la cabeza gacha y las manos cruzadas sobre el pecho, con extrema humildad. Midió toda la grandeza del gesto de aquella criada, que besó la mano que la había herido, y estaba a punto de levantarse para abrazarla cuando el interlocutor, al percatarse de sus pensamientos, exclamó nervioso:

- No me juzgues como estás pensando, Madre; tal vez no haya nada noble ni desinteresado en mi gesto; mis sentimientos, en este caso, son comunes a toda mujer, son simplemente humanos.

Sorprendida, Madre Viviane exclamó:

- ¿Cómo sabes lo que pensé? Pero de verdad confieso que considero tu gesto un ejemplo de desprendimiento y bondad.
¿Me equivoco entonces?

- Sí madre, te equivocas. A pesar de todo lo que me hizo, siempre tuve una ternura inexplicable por aquel oficial y, si escapé esa tarde, fue porque estaba cansada de sufrir maltratos y convivir con aquellos hombres brutales; y no me hicieron mayor daño porque el oficial los contuvo protegiéndome lo más que pudo. Él personalmente no me maltrató y me salvó la vida en los raros momentos en que estaba indefensa en las brutales manos de los cosacos. Ahora le pago mi deuda de gratitud. Eso es todo, Madre.

- Pero ¿cómo puede él, siendo oficial del ejército del Zar, encontrarse en esta miserable situación? ¿Por qué no pide ayuda a sus compañeros?

- Intenté averiguarlo, Madre. Después que terminaron las operaciones de guerra y el ejército invasor fue derrotado, las tropas se concentraron y el oficial, por mi culpa, fue encarcelado y sentenciado a 15 años de trabajos forzados, bajo sospecha de espionaje y traición. Al salir de prisión hace unos años se quedó sin recursos y ahora afectado por la enfermedad pulmonar que casi lo mata. Aquí está todo.

– Entiendo. Ahora tus cuentas están pagadas, hermana.

– Todavía no, Madre.

– ¿Qué más entonces? ¿Qué más le debes?

– Siento lo que voy a decir, Madre, y no me tomes por una ingrata. Sé cuánto te debo a ti y a esta bendita casa de Dios; pero debo seguir mi destino, el destino que el corazón señala a mi alma. Te pido que me liberes de mis compromisos y me permitas retirarme para pasar tiempo con Boris, acompañándolo dondequiera que vaya.

Tomada por una enorme sorpresa, la superiora permaneció en silencio durante mucho tiempo; pero luego se recuperó y trató de comprender mejor el desconcertante problema de la monja.

– Casi no lo creo y solo escuchándolo de ti misma, hermana Catalina, puedo afrontar semejantes tonterías. ¿Será creíble? ¿Que de repente te dejaste enamorar de ese hombre?

– No Madre; él, en cierto modo, es mi marido; hemos vivido juntos durante mucho tiempo en la vida y en la muerte que nuestros destinos están entrelazados. No es una pasión repentina e incomprensible, incluso en nuestra condición, porque el amor es ley de Dios y por él el Divino Maestro murió en la cruz.

– ¿Y él acepta irse contigo y casarse, aunque no tiene los recursos para hacerlo?

– Fue él quien lo propuso y ambos queríamos legalizar, ante los hombres, una convivencia irregular que; sin embargo, desembocó en un cariño duradero.

– ¿Por qué huiste de él entonces? No entiendo.

– Ya te lo expliqué, Madre. Estaba exhausta, asustada, sin saber a dónde ir ni si la guerra continuaría, con los horrores que había presenciado. Ya no tenía el coraje de continuar con nada. Por eso pedí ayuda en esta casa, para desaparecer de este mundo horrible y, gracias a tu amorosa acogida, he vivido aquí en paz hasta ahora, como novicia. Por eso, Madre, no quise profesar.

– Realmente no querías profesar tus votos, pero para todos nosotros es como si los hubieras hecho. Pero es difícil admitir, hermana Catalina, que a partir de ahora tendremos que vivir sin ti. Hoy eres una figura destacada e indispensable en nuestra casa y has contribuido a que ésta haya adquirido el prestigio del que hoy goza en esta región del país. ¿Cómo podemos vivir ahora sin ti, hermana Catalina?

– Es muy amable de tu parte, Madre, pensar así. Simplemente hice lo que pude y de alguna manera me alegra saber que pude pagar una pequeña parte de la deuda que tengo con esta bendita casa de Dios.

– ¿De verdad quieres irte, hija mía?

– Sí Madre; como novicia todavía puedo hacerlo y les pido que no se sientan perjudicados por esta resolución, para que no haya mayor sufrimiento para todas nosotras.

– Pero, ¿a dónde irás, hija mía? ¿Qué vida te espera si tu pareja no tiene vivienda, familia ni recursos?

– Me dijo, Madre, que iremos a Samarcanda, en Turkestán, donde aun vive su familia materna; dice que allí estaremos bien, con recursos para empezar una nueva vida.

– ¡Dios mío! ¡Hija mía! ¡Samarcanda! ¿Sabes dónde está esa ciudad, qué distancia tienes que recorrer para llegar allí? ¿Y los recursos necesarios para llegar a esta región bárbara?

– Dijo que nos uniríamos a una caravana, cuyo conductor es un conocido suyo. Ya ha recibido información y sabe que procede ahora de Polonia y, dentro de unos días, pasará por aquí, en ruta comercial.

– Está bien - dijo la Madre, desanimada -, no puedo impedirte que sigas lo que llamas tu destino desde el corazón. Por tanto te doy libertad en cuanto a compromisos y volveremos a hablar de otros detalles antes que te vayas.

✶ ✶ ✶

Ocho días después, con todo arreglado, Catalina se despidió. Fue conducida a la nave de la capilla y allí, por última vez en aquella casa, escuchó las ceremonias religiosas de la congregación. Luego se dirigió al vestíbulo del zaguán y, frente a las monjas y sirvientas, la madre contó los hechos y anunció que sor Catalina en ese momento retomaría su nombre civil de bautismo, Katia, y se retiraría para consorte de un hombre al que, antes de entrar allí, ya pertenecía, y ahora deberá formalizar la unión ante las autoridades.

El asombro fue general; sin embargo, la estricta disciplina del monasterio impidió cualquier comentario en ese momento. Siguiendo los ritos, se cambió el hábito por la ropa profana que Katia había adquirido el día anterior y, instantes después, atravesó el patio interior y la huerta, y se reunió con Boris, que la esperaba afuera, y salieron juntos lo más discretamente como fuera posible.

Así terminó para Katia el tercer capítulo de su vida aventurera, abriendo otro, cuyos aspectos y condiciones hizo todo lo posible por no afrontar, entregándose enteramente a Dios.

CAPÍTULO VII
Samarcanda

Pasaron los años y anochecía en Samarcanda, gran emporio comercial, en el Turquestán ruso, en el kanate de Bujará, en la ruta caravanera oriental.

En una calle suburbana, bordeando verdes campos y colinas, en su casa, cuyo frente era un extenso muro sin ventanas, sentada en un sillón de dos brazos altos, en una habitación donde caen los últimos rayos del sol poniente, Katia preparó el *samovar* para la cena de la tarde. Estaba sola, exhausta, mirando la llama parpadeante y recordando el día en que saltó del carro en la puerta de la casa y la actitud feliz de Boris.

– Esta es nuestra casa, Katia - dijo mientras la ayudaba a bajar -. Aquí viviremos en paz y criaremos a nuestros hijos. Aquí nací y quiero ser enterrado, en esta tierra sagrada donde descansan mis antepasados.

Él habló y entró, cogiéndola de la mano y gritando alegremente por dentro:

- Madre, madre, ¿dónde estás?

Como nadie respondió, la dejó en el recibidor y corrió por todas las habitaciones llamando a su madre.

– ¿Mamá, dónde estás? ¡Es tu hijo Boris el que llega!

Pero nadie respondió. Salió entonces al patio interior y la vio, junto a un porche, agachada en el suelo, atendiendo a los polluelos; él la llamó nuevamente y ella luego se giró y se puso de pie, dudó por un momento antes de reconocerlo y luego caminó hacia él con los brazos abiertos llorando de emoción.

– ¡Eres tú! ¡Eres tú! ¡Mi hijo que se perdió y regresó a la casa de su anciana madre! ¿Entonces estás vivo, no estás muerto?

– Sí, mamá, soy yo. ¡Ya no me esperabas, eh! ¿Por qué pensaste que había muerto?

– En tiempos de guerra las malas noticias viajan rápido y no se sabe de dónde vienen. Dijeron que en realidad moriste porque tu regimiento fue diezmado por los invasores.

– Y enseguida creíste lo peor...

– ¿Y por qué dudar? ¿Cuántos murieron y no regresaron? Esta ciudad quedó vacía con el reclutamiento que realizaron, bajo pena de castigo.

– ¿Y has sufrido mucho, madre, con mi larga ausencia?

– ¡Ni lo digas! Lloré desesperadamente. ¡Y cuánto te extrañé al no contar ya con el fuerte apoyo de tu ayuda en el trabajo de campo! Pero ahora, gracias a la Virgen de Chestochova, te vuelvo a tener. Bienvenido, hijo mío, a tu antiguo hogar.

Y lloró de alegría y abrazó y besó a Boris, sin cansarse nunca de mirarlo.

– ¿De dónde vienes ahora?

– De Kiev. Pero entremos, te tengo una sorpresa; a ver si puedes adivinar.

– ¡Una sorpresa! Esto ya es gran cosa, verte de nuevo; ¿Qué más me traes aparte de esto?

– Una hija; la mujer con la que me casé. Ella fue mi premio de guerra y luego me hizo prisionero de su corazón. Aquí tienes, mamá - dijo alegremente presentando a Katia -. Esta es tu nueva hija. Esta es nuestra madre, Katia; su nombre es Elisha.

Katia se adelantó para besarle la mano y Elisha la jaló un poco más cerca de la puerta, para verla mejor, a la luz del crepúsculo.

— Eres muy bonita y una chica bien formada y robusta. Me gustas mucho - dijo dirigiéndose a Katia -, y espero que vivamos bien de ahora en adelante - luego, enderezándose y extendiendo el brazo -. Te doy mi bendición en el nombre del Dios santo.

Mientras era bendecida, Katia se arrodilló con las manos cruzadas sobre el pecho, en profunda humildad y unción.

— Levántate, hija, no soy santa para que permanezcas de rodillas a mis pies.

— Si me uno a ti, ¡oh! madre, encontramos seguridad y paz, para mí siempre serás una santa.

— Parece que has sufrido mucho; solo los que sufren hablan así. Siéntate aquí a mi lado y te digo que puedo darte la paz que tengo dentro de mí y la fe en la protección de Dios y la alegría que ahora llena mi alma, por el regreso de mi hijo sano y salvo.

✳ ✳ ✳

Y fueron días y noches de tiernas emociones, recuerdos e interminables intercambios de confidencias entre unos y otros, efusiones recíprocas de esperanzas de una vida mejor para todos a partir de entonces y fervientes plegarias para que el amor y la armonía reinaran siempre entre ellos.

— ¿Cómo la encontraste? Dime - preguntó Elisha.

— Es una historia corta - dijo Boris -, pero escucha: serví en Kiev, en el tercer regimiento de caballería; yo era teniente del segundo escuadrón y me ordenaron partir hacia Kremenetz, para servir en un regimiento cosaco estacionado allí. Seguí el mismo día y cuando me presenté supe que el regimiento partía hacia Mojaisk, cerca de Moscú y tenía la misión de perseguir al ejército francés que, en ese momento, se encontraba dentro de la Capital; pero como encontraron la ciudad en llamas, no pudo permanecer allí más que unos pocos días.

Mi escuadrón fue reforzado en Kiev y a la mañana siguiente partimos hacia nuestro destino, donde llegamos días después y permanecimos en observación de los movimientos del enemigo.

Como se había predicho, no pasó mucho tiempo antes que comenzara la retirada hacia el oeste. Nosotros, que estábamos en su camino, vimos de lejos cuando la vanguardia se acercaba y nos escondimos para atacar por sorpresa.

El regimiento había sido, el día anterior, dividido en escuadrones aislados y cada uno tenía un sector de acción designado, detrás de las tropas en retirada. Yo era como sector en el medio, justo a lo largo del eje de la carretera, que conducía a Viasma y Smolensk.

La orden era hostigar a la retaguardia, no dar tregua para evitar que el enemigo descansara y, de esta forma, fuera aniquilado más rápidamente. Para ello también contamos con el frío, que ya había llegado, cubriendo los campos de una espesa nieve.

Llevé a mi escuadrón a muchas batallas y así nos acercamos al puente Berezina, donde esperábamos exprimirlos y arrojarlos al río. Cada vez que el enemigo se detenía a descansar, atacábamos por todos lados, como una bandada de cuervos corriendo hacia su presa. En los primeros días su retaguardia aun reaccionó bien, con bajas de un lado a otro, pero a medida que pasó el tiempo y la situación se tensó, el cansancio también llegó y los atrapó de punta a punta. Finalmente ya no hubo ninguna reacción de combate; ya no tenían fuerzas para caminar y caían sobre el camino helado, muriendo a montones. Luego los despojamos de lo que tenían de valor, principalmente dinero, y seguimos adelante.

– ¿Qué es esto, Boris? - Interrumpió Elisha; saquear a los derrotados y muertos no es típico de los soldados regulares.

– Si no lo hiciéramos nosotros, los cosacos lo harían solos y todavía estaríamos ayudando a muchas bandas de bandidos que también nos perseguían.

– ¿Y se enriquecieron con el saqueo?

– No; en combate perdemos casi todo lo que tenemos y no nos gusta llevar nada pesado. Excepto oro; pero lo que gané, también lo perdí jugando en los fríos y tristes campamentos de las marchas interminables.

Y Boris continuó:

– Ese día atacamos cuando estaban acampando junto al puente. Era una posición peligrosa, incluso para las tropas en orden; ¡imagínate lo que sería para las tropas derrotadas, hambrientas, desmoralizadas y congeladas!

Pero tampoco estábamos en buena forma; ¡Quince días de marcha y lucha, desde Mojaisk hasta el río, casi mil millas con aquel frío, durmiendo poco y comiendo a caballo! ¡Esto no es una broma!

Cuando dieron la alarma, todos corrieron hacia el puente queriendo cruzar, haciendo una formación y atacamos por detrás y por los flancos; enterrando nuestras lanzas hasta la mitad en esa pila de carne. Fue una masacre, hasta que pasasen quienes pudiesen, corriendo a trote como liebres, por el camino resbaladizo que conducía a Minsk.

También estábamos cansados y acampamos en un lugar cercano al puesto, una finca ocupada por el enemigo desde el primer día de la invasión y que era exactamente la casa de Katia.

No sabía que ella estaba escondida dentro, en el techo de paja, esperando que su padre escapara de allí, como te dije antes.

Examiné el escuadrón: estaba muy superado en número y había algunos heridos, aunque leves. Les ordené que durmieran; dormir no te deja sentir dolor, dije, ni hambre, ni malestar, y se quedaron cerca de los caballos para calentarse. Mi temor es que se durmieran y los caballos se escaparan buscando pasto, ya que ellos también llevaban dos días con hambre.

– ¿Y los centinelas, teniente? ¿Dónde los ponemos? – Preguntó el sargento Piotr.

– Despídelos; el enemigo no retrocede y todo está en calma.

Pero cuando dije que podían dormir porque el enemigo no volvería, ¡imagínate qué fiesta tuvieron! Encendieron un fuego, asaron carne con las raciones de reserva y cantaron sus canciones durante mucho tiempo.

Pero de repente oímos ruidos y gritos detrás de nuestro campamento y corrí hacia allí; fue entonces cuando vi a Katia por primera vez. Estaba rodeada por un grupo de soldados con montones de fuego y gritando pidiendo ayuda. Era la segunda vez que intentaba escaparse del puesto.

Pidiendo ayuda de mi gente, la liberé y la llevé al puesto, declarándola mi prisionera; así nadie se metería con ella.

Y allí nos quedamos hasta que llegó la orden de reunirnos con el regimiento en Kiev, mientras los cosacos, que habían seguido a los que se retiraban hasta Polonia, regresaban por el camino, rumbo a sus casas, en grupos, alegres y ruidosos como siempre eran.

En Kiev pasó lo que ya te contó Katia y así termina el cuento.

– ¡Qué horrible! - Exclamó Elisha -. ¡Estas guerras que nunca terminan!

– Esta no, madrecita; esta fue justa y honorable, porque nuestro país fue invadido por extranjeros.

– ¿Disculpa, Boris? Lo que dices es verdad. Fue una guerra justa y ustedes dos vivieron en ella y cumplieron con sus deberes.

– Y hasta encontré a mi amada esposa - añadió Boris mirando a Katia.

✳ ✳ ✳

En ese momento Katia despertó de su trance de recuerdos; el té se había enfriado y estaba frío. Reavivó el *samovar*, se recostó en el sillón y volvió a sumergirse en el pasado.

Cuando la vida retomó su ritmo normal, ella se convirtió en el sólido sostén de la vida doméstica, porque Elisha ya era muy vieja, llena de dolores y dolencias, y Vasili, el criado que ayudaba en la casa, ya no tenía fuerzas para realizar los trabajos pesados. Se limitó a cuidar las aves, la huerta y las cabras, que permanecían atrás, al borde del campo.

Boris empezó a ayudarlo y todo volvió a la normalidad, llevando alegría y paz a aquellos seres humildes y poco ambiciosos.

Pero las inquietudes no tardaron en regresar: Vasili sufrió una caída que le lastimó la columna y lo dejó semiparalizado de las piernas, y todo el peso del trabajo recayó sobre Boris, incluido el servicio externo de salir con el carrito para hacer las compras, cambiar, etc., además del cuidado que se le debe dar personalmente al viejo Vasili. No pasó mucho tiempo antes que mostrara su molestia.

– ¿Qué le pasa, Katia? Ya no es el mismo - dijo Elisha, incómoda -. Ya ni siquiera juega con Leo y el pobre perro rasca el suelo cuando pasa y lo sigue, sin siquiera mirarlo.

– No es nada grave, mamá; no te tortures con eso.

– Creo que sí. No me ocultes nada, porque así nos será más fácil resolver las dificultades.

– Este es el caso de Vasili - explicó Katia -. Boris está sobrecargado de trabajo y no le gusta ser enfermero; se pasa todo el día arando, plantando, cosechando, reparando cercas y tampoco le gusta.

– Pero sabes bien que no podemos abandonar la poca tierra que tenemos. Tampoco tenemos los medios para contratar otro sirviente. ¿Qué hacer?

– Contratar a un asalariado hasta la cosecha y así descansa Boris.

– No tenemos dinero - repitió Elisha -, sobre todo con Vasili a nuestras espaldas. En cualquier caso, habla con él. Quién sabe, tal vez consiga un préstamo o algo más.

– Hablaré hoy. Pero, ¿Vasili no tiene una familia que pueda cuidar de él?

– Hasta donde yo sé, no la tiene. Ha vivido aquí durante muchos años; le pagamos un salario bajo y ahora no podemos echarlo a la calle.

– Por supuesto, madre. De ninguna manera.

Esa misma noche Katia habló con Boris.

– Hablé con nuestra madre hoy. Ella dice que no tiene los recursos para contratar a un hombre que te ayude.

– Lo que le pagaba a Vasili se lo puede pagar a otro - respondió Boris secamente.

– Dice que siempre le pagó a Vasili un salario bajo y ahora que está inutilizable no se le debe privar del descanso que se merece; dice que no tiene a nadie que lo cuide.

– La cosecha está cerca y poco después viene el trabajo de cuidarla, venderla, almacenarla; y luego volver a cuidar la tierra. ¿Quién ayudará?

– Una hermosa niña llamada Katia.

– Para de bromear.

– No es un juego. Soy fuerte y me encargaré del resto mientras tú descansas.

– Nuestra alegría duró poco, Katia; no me adapto a las tareas del hogar. Tal vez pueda alistarme nuevo; en este país nadie sabrá que fui arrestado como espía y condenado.

- No podemos hacer eso, abandonar a dos pobres viejos.

- Tú te quedarías con ellos.

- ¿Cómo así? Tú también piensas abandonarme, ¿ya tan pronto? ¿Te olvidas que abandoné todo para vivir contigo y tu familia?

- ¿Y si lo hiciera?

- Si eso sucede, haré lo que me compete, como esposa y como cristiana. Sabes bien que jamás tuve una vida fácil. Pero no me digas que tal cosa es verdad.

- Quizás lo sea. Estoy aburrido de esta vida pobre y aburrida.

Dijo esto y salió a la calle, regresando casi de madrugada.

Sin dormir durante esa larga noche, Katia tomó las decisiones que le parecieron correctas, pero antes de quedarse dormida por el cansancio, escuchó el portazo y Boris entró a la habitación y se acostó sin hacer ruido, pensando que estaba dormida; y fue con este pensamiento que todavía la amaba, como los primeros días, que finalmente se durmió.

Temprano en la mañana, todavía exhausta por el sueño, se encontró con Elisha en la cocina y, antes de interrogarla, le anunció que todo estaba arreglado.

– ¿De qué manera?

- Yo me ocuparé de Vasili. Tengo práctica de enfermería y Boris se queda solo en el campo. Cuando el trabajo de la cosecha se ponga duro, entonces también ayudaré en todo, para que pueda descansar.

- No quiero que te encargues de Vasili; esto no es un servicio para mujeres - dijo Boris, que entraba y había oído el final de la conversación.

- ¿Por qué no? Sabes bien que este fue un servicio que durante mucho tiempo ejercí en Kiev. ¿Será que lo olvidaste?

- No lo olvidé, pero no quiero que lo hagas ahora.

- Entonces te ayudaré en el campo.

- Tampoco, ese es un trabajo demasiado pesado para ti.

- Pero entonces, ¿cómo quieres resolver las dificultades?

- Ya lo dije, quiero alistarme de nuevo, no aguanto más esta vida de campesino.

– No me hables así, hijo - intervino Elisha -, ya he sufrido bastante, ¿no sientes lástima por tu pobre madre?

Pero Boris se fue sin decir nada más. Katia intentó calmar a Elisha, consolándola lo mejor que pudo y ambas quedaron en la ansiosa espera de perder a Boris. Pero eso no duró mucho porque, al día siguiente, reanudó su trabajo con normalidad y no volvió a sacar a relucir el desagradable tema. Luego le dijo a Katia que los compromisos estaban suspendidos y varios oficiales fueron despedidos porque había paz en Europa.

* * *

Pasaron unos años más y todo siguió igual. Como no había niños, tanto Boris como Elisha no desperdiciaron la oportunidad de lastimarse. En las zonas rurales, se exigía mujeres fecundas que perpetuaran los recursos laborales y garantizaran la sucesión del liderazgo familiar; la falta de hijos constituía un grave impedimento para la estabilidad del régimen matrimonial.

Katia sabía esto y sufrió las burlas de su suegra, cada día más vieja y enferma; y su marido, que se consideraba debilitado ante sus conocidos. En sus noches de insomnio, Katia se preguntaba si la culpa la tenía ella o si era Boris. ¿Cómo saberlo? Y la duda se volvió insoportable, hasta que decidió actuar de otra manera.

Comenzó a quejarse de enfermedades, dolores de espalda, mareos, tenía que ir a trabajar y un día no se levantó de la cama.

– Pero te veo sonrojada y siempre robusta - se quejó Elisha, que había subido a la habitación para verla.

– Pero estoy muy enferma, mamá.

– Boris no puede hacer el trabajo solo...

– No puedo ir. Iré al médico del pueblo.

– ¿Estás loca? No tenemos dinero. ¿Ya has hablado con Boris?

– No. Lo decidí ahora mismo. Hago mucha falta. Pondré fin a las dificultades y también a las quejas sobre los hijos. Estoy cansada de escuchar eso.

Saltó de la cama, se vistió apresuradamente antes que Elisha fuera a llamar a Boris y en un instante enganchó el caballo al viejo carro y se fue. Mientras conducía por el camino lleno de baches, pensó en cómo tratar con el médico. Su plan era buscar al Dr. Rodine. Tenía algunas monedas en el bolsillo que había ahorrado para los gastos del hogar.

Estaba lloviendo cuando se detuvo frente a la casa del médico y él mismo abrió la puerta del consultorio.

– Puedes entrar. ¿Has estado aquí antes?

– Hace unos meses pedí medicinas para un sirviente paralítico de las piernas. ¿Se olvidó?

– ¡Oh! Ahora lo recuerdo. ¿Ha mejorado el paciente?

– No señor; casi nada.

– Es así mismo; la parálisis no mejora. ¿Y ahora qué quieres?

Katia le contó sus problemas: la falta de hijos, las quejas de su suegra y su jefe; quería saber con certeza si ella tenía la culpa y si había remedio para eso o no.

El anciano médico escuchó en silencio, comprendiendo la angustia de su cliente. No era común en esa región que las mujeres fueran estériles; casi siempre eran bien formadas, robustas, equilibradas y tan valiosas como los hombres en el trabajo; y el que estaba allí parece no haber hecho excepción a eso.

Hizo las preguntas y los exámenes y no vio nada a lo que pudiera aferrarse.

– A tu cuerpo no le pasa nada. ¿Ha tenido tu marido alguna enfermedad o lesión grave?

– Sí, Doctor, hace muchos años padeció una grave enfermedad pulmonar y en la guerra recibió una herida en la ingle derecha.

– ¿Hace mucho tiempo?

– Hace unos ocho años; no le gusta hablar de eso.

– ¿Se queja de algún dolor?

– No le gusta la intimidad con extraños.

– En las enfermedades, el médico no es un extraño.

– A veces sí, en este lugar, pero pronto se disimula.

– Yo también quiero examinarlo. Que venga aquí. Lo que tiene podría empeorar repentinamente.

- Es difícil, Doctor. Tuve que mentir para venir aquí, diciendo que tenía dolor de espalda.

El médico notó las dificultades. Llenó un vaso con agua, alcohol y tinte y se lo dio.

– Tomar una cucharada por la mañana y por la noche.
No hace daño ni bien. Pero puedes garantizar que no hay ningún defecto.

– Gracias, Doctor.

Katia regresó a la hora del almuerzo. Elisha cuidaba los árboles y Boris bajaba del tejado, con el azadón al hombro. La vio de lejos y corrió a la cocina, avivó el fuego, acomodó sus pies y estaba extendiendo la toalla, cuando llegó al patio y Elisha lo detuvo para contarle lo sucedido.

Cuando ella entró a la cocina, tenía el ceño fruncido y no la saludó como de costumbre.

Katia fue directamente al tema diciendo lo que ella había hecho, mostrándole el medicamento, diciendo que estaría bien pronto, para continuar ayudándolo en el campo, pero él la escuchó en silencio, con el ceño fruncido.

– No deberías haber ido al médico sin mi consentimiento; soy tu marido y me debes obediencia.

– Cuando hice lo mismo en el accidente de Vasili, no dijiste nada; ¿por qué lo haces ahora, cuando se trata de mí?

– Porque creo que es diferente.

– Estás de acuerdo con la consulta para el sirviente y la niegas para la esposa...

Molesto por las discusiones, Boris respondió en voz alta y severa:

– Basta. No quiero discutir y no vuelvas a hacer eso.

Katia guardó silencio, pero por la noche, cuando ya estaban en la cama, se abrió específicamente:

– Estoy harta que me recriminen la falta de hijos y el médico dijo que estoy físicamente sana en todos los sentidos; dijo que esto se podría deber a la falta de uno o del otro. Me preguntó por tus heridas y enfermedades y le respondí la verdad; dijo que necesitaba examinarte y no dejar pasar el tiempo porque estas heridas de repente empeoran.

– ¡Quieres decir que debe ser culpa mía! – Interrumpió Boris enojado.

– No quiero decir nada; solo repito lo que dijo el Doctor sobre el tema.

– Bueno, no iré allí. Tengo más que hacer... No siento nada. Soy un hombre como cualquier otro y lo sabes - respondió, impulsado por su orgullo de hombre.

– No te enfades, Boris. No te acuso de nada, pero tampoco quiero que nadie me acuse más; entonces fui al médico y lo aclaré todo.

– ¿Quién te acusa, mujer?

– Tu madre; se arrepiente constantemente que no te hayas casado con una mujer que le diera hijos sanos; y no puedo soportarlo más.

– Hablaré con ella, pero no iré al médico.

Después de esta conversación las quejas cesaron, pero Boris empezó a beber más de lo habitual; dejar el trabajo más temprano, se encerraba en el granero, bebía y luego dormía allí mismo. Otras veces, iba a la casa de Pedro Ravilán, un hombre que estaba constantemente borracho.

Al llegar el nuevo invierno, Elisha cayó repentinamente enferma. No podía respirar; tenía dolores en el pecho y brazos cuando, aun así, fueron a cuidar a las aves y cayó, retorciéndose y gimiendo fuertemente. Y Vasili, que vio esto, gritó pidiendo ayuda y cuando Katia acudió al rescate, Elisha ya estaba muerta; la arrastró adentro lo mejor que pudo, le puso una almohada debajo de la cabeza y salió corriendo a buscar a Boris, pero cuando regresaron, la encontraron muerta.

✳ ✳ ✳

Últimos Días

Ese invierno fue muy duro. Boris bebía cada vez más y ahora llevaba la botella de vodka al campo y volvía completamente borracho. Y terminó maltratándola físicamente, lo que jamás había hecho antes.

Una tarde la agredió en el patio, junto al umbral de la puerta. Vasili le gritó, que no hiciese eso, que era una brutalidad, una cobardía. Enfurecido, Boris se abalanzó contra él y lo golpeó con el mango de un trinche, abriéndole un gran corte en la frente.

El viejo sirviente no se despertó más, y, en la mañana siguiente, fue encontrado muerto en su colchón. Katia no pudo cuidar de él convenientemente, porque también estaba muy herida y Boris, después de lo que hizo, salió a la calle y estuvo ausente por dos días.

Katia pidió ayuda a los vecinos y enterraron al viejo, pero, por más que disimulase las heridas, él corte en la frente era muy visible en el cadáver.

Los vecinos notaron todo eso y se miraban serios.

- ¿Quién hirió a Vasili? - Preguntaban.

Antes que el cuerpo fuese llevado, llegó el juez zonal, al que alguien avisara y la obligó a contar lo que había sucedido. ¿Cómo negar la evidencia?

Dos días después llegó un soldado de la ciudad y se llevó a Boris, mientras el juez la consolaba diciéndole que era mejor estar sola que vivir con un criminal borracho; que Boris ya llevaba mucho tiempo bajo vigilancia policial y que había otros cargos graves en su contra y, por tanto, había sido condenado a trabajos forzados y no volvería. Y luego se quedó sola, solo con Leo, el perro guardián, también viejo y enfermo, como compañero.

* * *

En ese momento volvió nuevamente a la realidad... Nada había cambiado a su alrededor, excepto la oscuridad de la noche que ya había invadido la habitación. Comió sola, sintiendo su corazón cerrado y su alma triste como la noche.

No tenía sueño; solo angustia y miedo a la soledad. Llevó la comida a Leo y volvió a la poltrona, dispuesta a acostarse solo cuando llegase el sueño. Pero no vino y continuó en el trance del recuerdo en el que había estado más o menos inmersa durante muchas horas.

Recordar cómo había sido su vida desde ese día fue doloroso; la eterna inquietud, siempre sola en la casa, escuchando afuera el aullido del perro respondiendo al aullido del viento en los árboles; los rumores que salían del cercado de las cabras, todo le infundía miedo y asco. Solo entonces sintió profundamente la necesidad de la interacción humana.

Una semana después del funeral de Vasili y del arresto de Boris, decidió vender la propiedad y mudarse a la ciudad más cercana, donde trabajaría en cualquier casa o taller; pero en ese momento recordó las últimas palabras de la Madre Viviane, en el momento de su despedida en Kiev: "Hija mía, comprendo tus deseos pero sé que cambiarás la paz de este claustro por las incertidumbres de la vida en sociedad de los hombres, brutal y egoísta, recuerda sin embargo, cuando ya no tengas ninguna posibilidad de vivir en este ambiente hostil vuelve con nosotras y nuestras puertas se abrirán, dándote la bienvenida, como ya lo hicieron en el pasado." Fue una luz que le llegó: vender la propiedad y retirarse al monasterio de Kiev por el resto de sus días.

Pero despertó de su ensoñación escuchando golpes en la puerta y los ladridos de Leo, atado en el patio interior. Abrió ligeramente la puerta y vio que la sombra ya se había extendido por la vasta llanura, sembrada de luces dispersas.

Tomó una linterna y alumbró la figura de un hombre alto y fuerte, de barba espesa y corta, que estaba parado afuera; llevaba una mochila a la espalda, cuyas alas se cruzaban sobre el amplio pecho.

– ¿Quién llama?

– Un viajero, señora; un hombre de paz.

Abrió la puerta de par en par y vio que el peregrino la saludaba. Juntando las manos a la altura del pecho e inclinándose respetuosamente.

– ¿Quién eres y qué quieres?

– Estoy buscando trabajo y me propusieron esta casa, diciendo que aquí la encontraría.

Temerosa del desconocido, lo evitó:

– Es un error; la cosecha ya está recogida y por el momento no necesitamos nada.

– Señora, respondió el viajero; soy hombre de honor y necesito ropa, porque vengo de muy lejos y estoy cansado; ¿Puedes al menos darme refugio por esta noche?

Su mirada era tan clara y su porte tan distinto, que Katia decidió darle la bienvenida, aunque estaba sola en casa.

– Siendo así, te daré refugio en el granero para pasar la noche. Rodea Roca la casa - dijo, indicando la dirección con la mano -, y abriré la puerta del patio.

El huésped siguió las indicaciones, rodeó la casa por la derecha y, cuando encontró el portón, entró al patio, mientras Katia abría la puerta del granero.

– Mientras yo esté aquí el perro no te hará ningún daño - dijo -, y después de entrar, cierra la puerta del granero.

– No tema nada por mí, señora; su perro no me hará daño; y dicho esto, se acercó a Leo y le dio unas palmaditas en la cabeza, a lo que el animal respondió.

– Es la primera vez que no se enoja con los desconocidos.

– Los perros, señora, son más sensibles que los hombres a los buenos fluidos.

– Fluidos; ¿Qué es esto?

– Es una fuerza que nos deja y sale; no lo ves, pero sientes los efectos; si el fluido es bueno, nos sentimos bien y, si es malo, pronto nos enfermamos. ¿Te ha pasado alguna vez que te sientes incómoda con solo acercarte a alguien?

– Muchas veces, incluso con gente de casa.

– Así es y eso nos ayuda a conocer a las personas con las que tratamos. El perro ya se ha dado cuenta que mis sentimientos son buenos.

– ¿Solo por el olfato?

– No es un olor, señora; es una sensibilidad interna, del alma misma; los perros también ven espíritus en los cuerpos.

– Las almas de la gente, ¿no es así?

– Exactamente; el alma, el espíritu, el ser invisible que habita nuestro cuerpo. Si sus fluidos tienen colores claros como azul, verde, blanco, rosa, amarillo, los perros sienten que están bien; pero si son rojas; morados, grises, saben que son malos.

– ¿Entonces los perros saben colores?

– Cualquier animal lo sabe. ¿Los toros no se enfurecen al ver el rojo?

– Es verdad, lo sé. Pero entra en el granero y descansa; Te traeré algo de comer.

– Que el Señor te recompense por tu bondad.

* * *

En la cocina Katia se sentó en el taburete, al lado de la mesa y pensó en las cosas raras que estaban pasando; el silencio de Leo, la sabiduría del peregrino, su figura austera; la autoridad con la que hablaba; el bien que sentía en su presencia y la seguridad que la alegraba ahora, eliminando el miedo que la había invadido momentos antes.

Pero había que tener cuidado; no era más que un extraño y, después de todo, podía ser un simple criminal. Pero al mismo tiempo que pensaba así, tenía la firme intuición que era un buen hombre, que le haría bien y no mal; estaba segura que podía confiar en él y, después de todo, ¿acaso no era un huésped que había pedido refugio?

Avivó el fuego, calentó la cena, puso la mesa, algo que no hacía desde hacía muchos días; preparó el *samovar* allí mismo, en una mesa baja cercana y, al llegar a la puerta, llamó a gritos a su invitado, pidiéndole que viniera a cenar.

Él respondió de inmediato; abrió la puerta y se acercó lentamente, miró a su alrededor y le hizo entrar y sentarse en el lugar que habitualmente ocupaba Boris.

– Como mi marido está fuera, siempre ceno sola; pero hoy eres mi huésped; es tu cena y te haré compañía.

Llenó el cucharón y vertió la sopa en su plato, le dio pan y se sentó frente a él, mirándolo comer.

Llevaba una chaqueta de sarga gruesa de color azul claro, cerrada al cuello, de la que colgaba un cordón trenzado de hilos de lino y de la que se veía una gran medalla de cobre con dibujos grabados. Su piel era suave y oscura y llevaba una barba redondeada, que encuadraba su rostro y un fino bigote que le caía sobre ambas comisuras de la boca.

El invitado comió la sopa con una delicadeza de gestos que demostraban que era una persona culta, de rango superior, y esto despertó su curiosidad.

- ¿De dónde vienes, invitado mío? Veo que no eres ruso.

- Soy hindú, señora, de la provincia de Kachmir, de la ciudad de Srinagar, justo al pie del Himalaya que, como usted sabrá, son las montañas más altas del mundo. Mi nombre es Ravana. Soy hijo de una familia modesta; sin embargo, renombrado en esa ciudad.

- Veo que eres una persona educada y conocedora.

- Tengo un tío que pertenece a la casta brahman, él fue quien me crio, como soy huérfano, él fue quien me envió desde niño, a las pruebas sacerdotales, pero fracasé, porque criticaba el culto al dios Kali y, con lo que, desaté sobre mí el odio de los fanáticos adoradores del ídolo; tuve que huir para no morir y me refugié en los bosques vecinos, donde logré reunirme con un anacoreta, con quien conviví durante varios meses. Pero el estancamiento de la vida en ese entorno, la extrema y angustiosa soledad que solo alivian interminables meditaciones, parecían improductivos e inapropiados para un joven. Luego crucé la frontera y desde entonces he estado deambulando por innumerables lugares, para conocer el mundo y madurar ,y experimentar cosas nuevas; en este camino sin rumbo llego cuando tengo la intención de ir a Polonia, lo cual es una especie de antecámara a Europa.

– ¿Qué es un anacoreta?

– Es un hombre que abandonó la vida civilizada, socializando con sus semejantes, y vive en bosques y lugares desiertos, dedicando su tiempo a meditar, desprendiéndose del mundo material, para penetrar, más rápidamente, en el Nirvana. Creo que sabes lo que estoy diciendo.

– No conozco bien los términos, tengo una idea de lo que dices, viví muchos años en un monasterio cristiano en Kiev.

– ¡Oh! Entonces deberías entender de qué estoy hablando. ¿Dónde está Kiev?

– Muy lejos de aquí, al lado de la Ucrania polaca. Pero te pido que continúes; lo que dices es una enseñanza para mí; debes haber aprendido mucho viviendo con faquires, ¿verdad?

– No hable de faquires, señora; el anacoreta a quien me refiero es simplemente un místico, pero no niego que aprendí mucho de él; por eso te puedo decir, antes que se me olvide, que usted hermana vivirá varios años más, pero fuera de esta casa; tendrá una vida más tranquila pero difícil y, después de todo, descansará para volver a vivir en otro país, en Occidente, donde podrás aprender y desarrollar poderes espirituales de los que hoy no tienes idea. Y ahora, si me lo permites, me retiraré; mi tiempo es corto.

Se puso de pie y, con los brazos en alto, invocó las bendiciones de Parabrahm para su anfitriona y la protección de los espíritus guardianes.

Katia quiso retenerlo para hablar más, pero él inmediatamente se fue al granero, donde se encerró.

Profundamente preocupada, Katia siguió sentada largo rato en la mesa, meditando sobre lo que él había dicho, de forma tan inesperada:

"Que todavía viviría fuera de casa durante algún tiempo y luego regresaría a otro país, en Occidente." ¿Qué querría decir con "volveré a vivir en otro país" - le preguntaría a la mañana siguiente.

Fue temprano a la cocina para preparar la primera comida y luego salí al patio a cuidar de las aves. Tocó la puerta del granero para llamar al huésped, pero lo hizo en vano. No hubo respuesta, ni ningún movimiento que escuchar; al abrir la puerta, descubrió que él ya se había ido.

Eso le pareció extraño porque le había dado a entender que podía quedarse todo el tiempo que quisiera. ¿Habría quedado muy claro? Molesta, comió sola y, solo entonces, notó que en un pliegue del mantel había una nota escrita por el invitado; se despedía de su anfitriona, le aconsejaba vender la propiedad y retirarse a la ciudad más cercana, donde la vida le sería más fácil.

Parecía que había leído claramente sus propios pensamientos, su deseo tan recientemente formulado. Esto la llevó a decidirse rápidamente por la idea y ponerla en ejecución de inmediato. Enganchó el viejo caballo ruso al carro y salió a hablar con las autoridades del distrito.

A poca distancia del pueblo al que se llegaba por la carretera, un viajero que al oír el ruido del carro se desvió para que pasara y con asombro vio que era el hindú.

– ¿Quieres seguir siendo mi invitado en este vagón?

– Acepto y te agradezco y estoy muy feliz de verte de nuevo.

– ¿Por qué saliste de mi casa a escondidas?

– Fue a propósito: me di cuenta que me iba a ofrecer un contrato de trabajo que no podía rechazar sin lastimarla.

– Bueno, ¿ese no era el trabajo que buscabas?

– Sí, lo era, pero me di por vencido. Leí en tus pensamientos que tenías la idea de vender la finca, donde estabas sola y tenías pocas fuerzas para cuidarla y vivir de ella. Tuve cuidado de no interferir en su resolución, que, de hecho, es la que mejor se adapta a ti.

– No pensaste que, si te quedabas a mi lado, tal vez podríamos administrar la granja en una sociedad amigable.

– Sí, lo sabía. Pero mi destino hermana no es quedarme en ninguna parte; camino por el mundo para conocer la verdad y no para obtener consuelo.

– Voy al distrito a vender la finca.

- Lo sé, antes de separarnos, quiero repetir que ahora tiene una vida más tranquila y será feliz siempre que sea posible. '

– Tengo muchas ganas de descansar, olvidar, morir.

- Nada se olvida, hermana; todo queda grabado en la mente del espíritu, a través de sus innumerables vidas y así viviendo, muriendo, recordando, naciendo de nuevo y viviendo, volverá a aprender, mejorando y evolucionando. Ésta es la ley de Parabhram, el Absoluto.

– No recuerdo nada de lo que experimenté antes.

– Lo recordarás, en la próxima vida, porque ésta ya avanza hacia la conclusión de tus pruebas. Y entonces te acordarás de este peregrino, que pasa por tu vida, estos días, como un rayo de luz. Deseo ahora que me dejes aquí y nuevamente invoco a las fuerzas del bien en tu beneficio.

Katia detuvo la carreta y Ravana se bajó, juntó las manos frente al pecho como en oración, se inclinó en el típico saludo de su país y se apartó por un sendero lateral a la carretera.

Y Katia, emocionada con los ojos húmedos por las lágrimas, no sabía por qué, prosiguió angustiada su corto viaje.

En la sede del distrito todo fue sorprendentemente fácil y luego apareció quien se interesase por la compra. Estipulado el precio y las demás condiciones, se realizó la transacción sin mayor demora y Katia volvió con el comprador y dos testigos para entregar la propiedad, recibir su pago y seguir inmediatamente en una caravana lista a salir para Smolensk, su tierra natal, iniciando así un nuevo período de vida.

* * *

Después de descansar una semana, en una posada, donde ya se había alojado anteriormente, de viaje con Boris, buscó trabajo como enfermera y el propio posadero le recomendó al Dr. Hertzog, que tenía una clínica muy concurrida cerca y sin duda la contrataría.

De hecho, el médico estaba satisfecho con su modestia, su habilidad demostrada, en el acto, con los pacientes que estaban siendo tratados y por eso se puso a trabajar inmediatamente, ocupando el nuevo trabajo la mayor parte del tiempo del día.

Estuvo en este cargo cuatro años, durante los cuales reprodujo las actividades caritativas para los necesitados que había llevado a cabo en Kiev, atendiendo a pacientes pobres en sus días libres, en su consulta y también en su casa, en los barrios pobres de la ciudad, consumiendo en ese tiempo ejercitó el resto de las energías físicas que aun poseía en su agotado y envejecido organismo.

En el invierno del último de aquellos años cayó gravemente enferma de los pulmones, enfermedad que resistió todos los cuidados y tratamientos que le dieron, y murió en la misma clínica.

En los últimos momentos, dos imágenes bailaron ante ella, muy claras y luminosas en su visión, ya nublada por las sombras de la muerte: la de Marco, a quien vio tirado en el suelo, cubierto de nieve, llamándola, en la angustia de la muerte, y la de Ravana, el hindú, imponente y misterioso, al costado del camino, esa mañana, camino al pueblo. Estas fueron las últimas visiones que tuvo de este mundo triste y, serena y conmovida, se dirigió a Jesús, el Salvador, pidiéndole que esta vida futura la viviera, si no fuera en un país así, tan duro, donde mueren los pobres de frío y de hambre y la vida es aplastada por la soledad, pero sería en un país de sol, de luz, de calor y de ternura en las almas y de alegría en los corazones. Y así murió Katia, en Smolensk, en 1869.

CAPÍTULO VIII
Otra vez Rose

Como Rose seguía desconociendo su verdadera identidad, y aunque veía que se llevaba muy bien con Nata, a quien seguía contándole su historia como Katia, el médico finalmente accedió a la sugerencia de Valentino de pedir ayuda a un psiquiatra; y esto se hizo inmediatamente.

Esta decisión se tomó, como es fácil comprobar, dos días antes del final de la historia.

Cuando llegó el psiquiatra y antes de ver a Rose, le contó todo lo que podía ser de interés sobre su vida, hasta el estallido de la crisis y también todo lo que ella, en conversación con Nata, ya le había contado sobre su vida como Katia en la Rusia de los zares.

El nuevo médico era un especialista bien orientado; tenía ideas frescas, pocos prejuicios y un conocimiento razonable del Espiritismo; había leído muchas obras y conocía las implicaciones que tenía el mediumnismo sobre los trastornos mentales, que era el campo de trabajo del especialista.

Como era de esperarse, fue mal recibido por la "paciente" y, por mucho que lo intentó, no logró conseguir ningún tipo de acercamiento y diálogo por parte de ella. Luego se sirvió de Nata y le hizo preguntas de prueba, que Rose respondió evasivamente como Katia, sin el menor recuerdo de los hechos y circunstancias que le permitirían responder cosas apropiadas a su identidad actual.

Finalmente el médico se reunió a solas con el Dr. Fernando y Fernando, después que su colega se fue, le dijeron a Roberta que había decidido hacer un último intento para hacerla volver a la normalidad.

– Creemos que todavía existe la posibilidad de hacerla recuperar su mente normal, sin necesidad de electroshocks y otras aflicciones violentas, ingresándola en un sanatorio.

– Es que no quiero, Doctor; ya te lo he dicho; de ninguna manera; no quiero que mi hija sufra más de lo que ella sufre.

– Lo que proponemos, doña Roberta, es precisamente una forma de evitarlo.

– Entonces aceptaré cualquier cosa.

– Yo también estoy de acuerdo - dijo Valentino, que llegaba y había oído el final de la conversación -. ¿Cuál es la propuesta?

- Entrar por el lado sentimental, llamar a los dos muchachos que ella apreciaba y que tenía prohibido ver. Si reconoce a cualquiera de ellos, escapa de la crisis y regresa.

– Eso no; no servirá - declaró Valentino -, hiere nuestro orgullo y dará lugar a nuevas intimidades que ya habíamos condenado.

– Sí, señor Valentino; pero en un estado normal y no comparado con lo que está pasando ahora. Es preferible romper el orgullo de clase que después será considerado responsable de la completa desgracia de la muchacha. Pero señora, doña Roberta, ¿qué responde?

Roberta estaba muy avergonzada; luchó entre el orgullo, la solidaridad con su marido y el amor por su hija; pero este fue el sentimiento que finalmente ganó.

– Para salvar a Rose, acepto el precio y te pido, Walli, que también lo aceptes.

– Está bien; vamos – Valentino asintió avergonzado –. Entonces haga lo que pretenda Doctor.

El mismo Dr. Fernando salió a buscar a los chicos, tenía las direcciones. Imaginó que, al hacer esto personalmente, amortiguaría el impacto en el orgullo de los padres de Rose, tomándolo como un requisito profesional.

Buscó a Carlos en primer lugar. Lo encontró en su casa y le explicó sucintamente el problema y la opinión del médico que si con su presencia podía volver a la normalidad no sería necesaria la hospitalización.

Carlos se sorprendió; sabía que Rose estaba enferma, pero no conocía la gravedad de su condición.

– Haré lo que sea necesario, Doctor.

– Entonces ven a la mansión mañana a las tres de la tarde y allí me encontrarás esperándote.

– Estaré allí sin falta.

– Ahora buscaré a tu amigo Bend, para pedirle lo mismo. ¿Sabes dónde puedo encontrarlo?

– Quizás esté en casa. ¿Tiene la dirección?

– Sí, pero veo que está lejos y me queda poco tiempo. ¿No podría mi joven amigo buscarlo en mi nombre y transmitirle la petición?

– Con mucho gusto lo haré, Doctor. Me llevaré a Bend de todos modos.

Desde el consultorio, el médico informó a Roberta que la prueba se realizaría al día siguiente a las tres de la tarde. Pidió que haya total discreción y que se lleve a cabo sin la más mínima intromisión de terceros, incluidos familiares.

– Está bien, Doctor; Haremos lo que desees. Estaremos ausentes e incluso usted mismo puede recibir a los chicos y llevarlos a la habitación de Rose.

– No será en el dormitorio, sino en la habitación de al lado; y Nata llevará a Rose allí, según las instrucciones que reciba del psiquiatra.

* * *

A las dos de la tarde del día siguiente, el Dr. Fernando ya estaba en la mansión. Se podía ver cuán alto el interés en promover la reunión. Le dedicaba mucho cariño a Rose, pues la viera nacer y siempre cuidara de ella como médico, si ningún interés material. De allí su autoridad moral ante la familia Ramires.

A las dos y media sonó el timbre. Él mismo fue a abrir y recibió a los dos muchachos. Ellos explicaron que llegaron más temprano justamente para ambientarse y recibir las instrucciones necesarias, para que la prueba tuviese los resultados esperados.

Ambos estaba bastante aprensivos con la situación y pidieran varias aclaraciones, que el Doctor les proporcionó, hasta cierto punto, pero cuando Bend dijo que también era médico, recién graduado, entonces todo cambió y el Dr. Fernando se abrió completamente a ellos.

– Mi colega, el Dr. Rafael fue quien propuso esta prueba; debe estar llegando. Ustedes son amigos íntimos de ella, como pude enterarme. Por motivos que no me compete examinar, sus relaciones fueron prohibidas y eso debe haber sido uno de los motivos fundamentales para sus crisis. Esa frustración la llevó a un aislamiento social completo, con esfuerzos mentales exagerados, inclusive filosofías orientales, que son altamente abstractas; y, finalmente, se interesó por experimentar el Espiritismo, llegando al punto que todavía no lo sabemos. Todo, a nuestro modo de ver, responde por la crisis.

– Pero, ¿simplemente quieres que nos dejemos ver por ella? - Peguntó Carlos.

– Mi colega, el psiquiatra, les dará instrucciones.

En ese momento volvió a sonar el timbre. Era el Dr. Rafael, quien llegó y pronto fue presentado a los muchachos.

– Estamos exactamente a la hora acordada. Vamos a empezar - dijo él.

Les dio a los chicos instrucciones que consideró apropiadas: entrarían en la sala los dos juntos; saludarían a Rose por su nombre y pondrían en evidencia sonora el nombre de cada uno.

Si los reconociera, podrían hablar sobre cosas comunes de su interés, a su propia discreción. Bend, por ejemplo, decía que su clínica estaba empezando bien y que su consultorio estaba en tal o cual calle. Carlos diría que estaba construyendo un edificio grande y la invitaría a la inauguración; y cosas así, pero todo para llamar su mente, obligarla a acordarse de ellos y luego mantener su atención el mayor tiempo posible.

– ¿Comprendido?

– Comprendido. Sin embargo, ¿si ella no nos reconoce?

– En este caso la prueba falló y lo único que podemos hacer es agradecerles la colaboración, jóvenes amigos. Pero subamos.

En el salón, esperando a Rose, fue realmente angustiosa las expectativas de los muchachos; y su llegada se retrasó, porque el Dr. Rafael estaba dando instrucciones reservadas a Nata, en el corredor.

– Rezo para que todo salga bien - dijo Bend.

– Y yo también. Es sorprendente lo que está pasando Bend; solo viendo. ¿Podríamos haber tenido alguna culpa por esto? - Preguntó Carlos.

– El Doctor mencionó esfuerzo mental excesivo – dijo -. Bueno, realmente a veces tiene malas consecuencias. Pero nosotros no tenemos ninguna influencia sobre este punto; tú sabes bien. Si es así – continuó -, es menos grave, porque, después de un largo descanso, el paciente siempre mejora. Pero si ha habido un traumatismo muy fuerte en las células cerebrales, entonces es más grave, porque estas células, como todas las demás células nerviosas, no renacen. Pero mira...

Rose llegaba sostenida por el brazo de Nata, quien la abrazó con fuerza y la condujo directamente frente a los chicos. Rose había cambiado, la miraron, en la base de su nariz, había fuertes líneas de preocupaciones o miedos desconocidos.

Caminaba con los ojos fijos en el suelo, siendo necesaria la intervención de Nata, para llamar su atención.

– Katia, Katia, llamó, sacudiendo su brazo; despierta, mira quién está aquí, justo frente a ti.

Rose levantó la cabeza y miró a los chicos, al principio con indiferencia, pero poco después, como si los reconociera, le dijo a Nata.

– Es Marcus, dijo señalando a Carlos; y este es Ravana, mi amigo hindú – y hablando, se acercó a ellos, los tomó de las manos, demostrando una gran alegría -. ¡Cómo soy feliz de volverlos a ver! ¿Te acuerdas de mí? – Dijo dirigiéndose a Bend -. La última vez que nos vimos en la carretera. No me olvidé de lo que dijiste y estoy esperando.

Nata, al notar la vergüenza de Bend, le indicó que hablara con ella; pero lo que dijo cayó al vacío, ni siquiera ella pareció entenderlo. Él miró a Rose con gran emoción y ternura, viendo en sus ojos una sombra de extraña locura; habló de nuevo sobre los estudios de la Facultad, pero ella sin entender se volteó hacia Nata:

- No entiendo lo que dice, ¿por qué me habla en una lengua diferente? No lo reconozco.

Se volteó hacia Carlos y comenzó a hablar nerviosa, llorando:

- Nunca olvidaré lo que hiciste por mí, Marco, Dios te recompensará.

Pero acordándose de la terrible escena de la fuga y de su muerte, se llevó las manos a los ojos y salió corriendo de la sala.

La prueba fuera negativa y toda esperanza desapareció.

- Mañana temprano - dijo el Dr. Fernando, surgiendo en la sala -, yo mismo la acompañaré al sanatorio. No podemos esperar más.

✼ ✼ ✼

El Despertar

En la mañana siguiente el Sol estaba muy claro y caliente, y algunos rayos penetraban por las aberturas de las persianas, trazando rayos luminosos en las paredes del cuarto y los muebles.

Katia moría en el Oriente y Rose, finalmente, despertaba.

✼ ✼ ✼

Cuando despertó vio a Nata durmiendo en la poltrona, al lado de la cama; trató de recordar algo de lo que había pasado, pero tenía una cortina en la mente y difícilmente iba interconectando las ideas, para poder acordarse. Estuvo largo tiempo como reintegrándose a sí misma; después tosió ligeramente para despertar a Nata, luego más y más fuerte, hasta que esta despertada abruptamente, se sacudió, levantándose bruscamente.

– ¿Qué haces durmiendo aquí? ¿Por qué no duermes en tu habitación?

Hablaba normalmente, en portugués, y Nata inmediatamente se dio cuenta que había despertado; se ajustó la ropa y se dirigió a la puerta.

– Espera un poco niña, llamaré a tu madre.

- ¿Para qué? Quiero levantarme, estoy con el cuerpo adolorido. ¿Por qué estás durmiendo aquí? - Repitió -. ¿Sucedió algo conmigo?

- Estuviste enferma. El Dr. Fernando vino y ordenó que me quedase aquí, en cao me necesitases en la noche. Solo eso.

- Quiero bañarme Nata, largo y bien caliente. Tengo escalofríos en los huesos. ¿Estuve con gripe?

– Sí, tuviste una gripe fuerte. Es mejor llamar a tu madre.

– Nada de eso; ya estoy bien; ve a preparar el baño, por favor.

– Fue un fuerte resfriado para mí; estoy un poco aturdido.

Nata preparó el baño, llenó la bañera azul del privado, colocó a la mano el jabón, la toalla, el peine, el cepillo y todo lo que ella acostumbraba pedir.

- Está todo listo, niña Rose, puede venir.

Rose se levantó y fue al baño, caminando con poca seguridad, siendo necesario que Nata la sostuviera.

- ¿Tuve fiebre?

– Tenía fiebre y deliraba. Preocupó a todos en la casa. ¿Quieres ver a tu madre ahora?

– ¿De qué estaba hablando en el delirio?

– Parece que estaba soñando con una vida en Rusia durante la guerra; y otras cosas confusas.

– No recuerdo nada. Estoy realmente mareada.

– No te rompas la cabeza por esto ahora. Métete en la bañera.

Pero no tardes mucho, porque estás débil y un baño caliente te debilita. ·

Mientras hablaba, le preguntó qué quería comer, si tenía hambre, qué ropa quería ponerse y cosas así, para distraerla y mantenerla despierta.

– Estoy con mucha hambre. Parece que no he comido en muchos días y mi estómago se siente como si estuviera quemando.

– Voy a buscar un medicamento; ya vuelvo.

No pasó mucho tiempo para que Roberta, avisada, corriera esperanzada.

Rose continuaba en la bañera y se sentía bien, readquiriendo fuerzas, reencontrando la alegría interna que le era característica, sumergía el cuerpo en aquella agua caliente y perfumada, cuyos vapores se dispersaban en el ambiente, llenándolo de una blanca neblina.

- Rose, Rose, mi querida, ¿puedo entrar?

Para Rose fue como una ducha fría, sin saber por qué, su mente se llenó en un segundo, de recuerdos desagradables, decepciones, remordimientos del pasado, de los cuales estaba acostumbrada a acordarse, pero, que estaban regresando ahora todos juntos, en cargamontón.

- Espera mamá, voy a demorarme un poco.

– ¿No necesitas nada?

– Nada; gracias. Saldré pronto.

Así tuvo tiempo de reaccionar, coordinar sus ideas, equilibrarse, en el torbellino de cosas que invadían su cabeza.

– Nata – gritó -, ven a ayudarme.

Ayudada por la criada, se vistió para salir e inmediatamente cayó en los brazos de Roberta, quien la esperaba ansiosa en la puerta.

- ¡Mi hijita, querida! Qué sufrimiento tan horrible nos causaste con tu fiebre, a mí y a tu padre. Gracias a Dios ya estás bien. ¿Ya no sientes nada?

- No mamá, estoy bien, pero un poco mareada y quiero estar a solas con Nata; mi cabeza está débil.

- Tu padre también quiere verte; ya mandé avisarle. No le vas a negar esta alegría, ¿verdad?

– Está bien mamá, pero dentro de un ratito.

Pero al mismo tiempo entró Valentino; besó a Rose y se mostró exuberante de satisfacción al verla restaurada y hermosa como siempre.

– Ya he avisado al Dr. Fernando, que tampoco debe demorarse – dijo.

– ¿Avisar para qué, papá?

- Él es tu médico, Rose, y necesita examinarte para completar sus observaciones.

- Hoy no, papi, ya estoy curada y quiero quedarme quieta... Y por favor ya no me cansen más. No quiero hablar con nadie, no quiero ver a nadie, quiero estar sol, ¿entiendes papá? No quiero enojarme, por favor.

- Déjala, Walli - intervino Roberta, nerviosa -, habla con el Dr. Fernando.

Y mientras hablaba, agarraba a su marido por el brazo y lo arrastraba fuera de la habitación.

– ¿No te das cuenta, hombre, que si la irritamos podría volver a tener una crisis?

- En parte tienes razón - respondió Valentino -. El problema queda a tu criterio y vuelvo a la oficina, donde dejé todo encima de la mesa. Hasta luego.

✳ ✳ ✳

En la habitación, cerrada con llave, Rose se recostó junto a la ventana y, a través del cristal, divagaba. Miraba los árboles donde los pájaros cantaban, llamándose unos a otros. Era una canción que conocía bien y que le daba calma cuando no se sentía bien.

En su cabeza, figuras de personas y diferentes escenas seguían danzando en una secuencia desordenada, salvo dos de ellas que siempre volvían, tomando una forma más o menos clara, un chico de piel clara y cabello rubio, y otro ya maduro, de piel oscura, ojos penetrantes pero amables que la miraban firmemente, sonriendo. Era como si ya los conociera y estuvieran cerca sin saber; sin embargo, quiénes eran.

Pero volvió a la realidad con repetidos golpes a la puerta.

– Abre Rose, es mamá.

Se levantó y le abrió, de mal humor por la interrupción.

– Cerraste la puerta y estábamos preocupados. No hagas eso.

- Anuncié que quería descansar y con la gente entrando y saliendo no descansé; lo entiendes muy bien.

– El Dr. Fernando está ahí y quiere verte.

Al ver que no podía disculparse, aceptó, incluso de mala gana. El médico fue directo a ella, preguntándole, como de costumbre, examinándola, y recomendándole, hasta que encontró todo bien y se mostró satisfecho.

- Tus padres hablaron de nuestra ansiedad, y yo ahora te digo de la mía.
Sabes bien el cariño que te tengo. Por eso vine, aunque sé que necesitas descansar y no estar demasiado solicitada.

– ¿Entonces estaba fuera de mí?

– Por supuesto que estabas; una especie de largo sueño.

– ¿Y este es el motivo de tantas preocupaciones?

– En cierto modo lo es, porque no es normal dormir mucho y hablar como lo hacías.

– ¿De qué estaba hablando, Dr. Fernando?

– Cosas inconexas - respondió tratando de cambiar la conversación -, pero eso se acabó y solo vine a verte. Adiós Rosita.

Cuando el médico se fue, Rose volvió a encerrarse en la habitación. Necesitaba meditar sobre lo que había sucedido. No parecía sorprendente, dado el malestar de la familia, que era evidente. Se estiró y cerró los ojos. Quería volver a visitar las dos figuras que aparecieron en su mente hacia unos momentos; se concentró en eso. Primero, había una oscuridad informe, en la que, poco después, comenzaron a aparecer pequeñas luces que se enroscaban formando círculos concéntricos, de varios colores, figuras que se hundían en sí mismas en el centro, y reaparecían, elevándose hacia los lados, para unirse nuevamente en el centro, se sumergían y desaparecían, dominando una vez más la oscuridad del principio. Poco después, las mismas formas reaparecieron, realizando el mismo patrón sartorial hasta que, finalmente, una de ellas tomó una forma firme y quedó fija: la de un hombre de tez morena, alto y majestuoso, que le dijo: "Volverás otra vez, en otro país, lejos de este lugar, muy lejos, en el oeste." Y continuó: "Todo queda grabado en la mente del espíritu, a través de sucesivas reencarnaciones y recordarás al peregrino que pasó por tu vida, como un resplandor de luz. Adiós."

Emocionada, se despertó, su corazón latía salvajemente, como para dar fe de la veracidad de la visión. ¿Quién sería él?

✽ ✽ ✽

Pero después de eso, los días fueran pasando y Rose se reintegró a la vida común; sin embargo, limitándose a sus estudios de Filosofía y espiritualismo. Se acordó de un libro que le había ofrecido Bend. Lo sacó del estante, se llamaba *"El Espiritismo en la India"*, el autor era un autor francés llamado Jocoliot, estudioso e investigador que vivía en Simla, a los pies de los Himalayas. Tomando el libro y leyendo la dedicatoria, se acordó de Bend, su añorado amigo, a quien no veía desde las fiestas de graduación, y porqué no decirlo, el preferido de su corazón.

El libro informaba fenómenos altamente interesantes de Espiritismo, la Doctrina denominada en la época - neo espiritualismo -, pero que, en verdad, era una verdadera iniciación, abarcando todas las ramas del conocimiento humano, revelado en los campos de la Filosofía, la Ciencia y de la Religión; Doctrina altamente atractiva, sobre todo para ella, que apenas se iniciaba. Se profundizó en la lectura y estaba tan entretenida, que no escuchó que Nata le preguntaba si quería bajar para el lonche.

- Niña - insistía Nata, con la intimidad que le aseguraba los casi veinte años que estaba a su servicio personal, cuidando de ella como una verdadera madre -. ¿No escuchó la pregunta que le hice?

- Disculpa, Nata, no te escuché. ¿Qué es lo que quieres?

- Es hora del lonche. ¿Quiere que lo suba al cuarto?

- Sí. Solo quiero té y galletas.

Mientras comía, Nata se acercó más y le preguntó:

- Niña, ve cosas, ¿verdad?

- ¿Qué cosas?

- Cosas que la gente no ve con los ojos del cuerpo.

- ¿Por qué piensas así? Es gracioso. ¿Por qué?

- En mi familia, en Ucrania, hay muchas personas que tienen este poder. Ven los espíritus, salen del cuerpo y regresan cuando quieren. Se les llama médiums.

– ¿Y crees que yo también tengo estos poderes?

Sé lo que quieres decir, pero no sé por qué crees que soy médium.

– Es algo que tienes niña. Lo sé desde hace mucho tiempo.

– ¿Qué es eso, Nata? Me asustas con ese aire de misterio – dijo Rose, burlonamente -. Cuéntame que es eso. Vamos.

– La niña no es como otras personas; vive siempre meditando, leyendo libros; cuando duerme, habla con otras personas y no es algo que se murmura y que no se puede entender; está conversando con alguien, como si estuviese despierta.

- ¿Y tú entiendes lo que digo? – Preguntó Rose, sorprendida y curiosa.

– Entiendo todo. La niña habla claro, como si estuviera viviendo en otros lugares con otras personas.

- ¿Qué lugares? Dilo.

- Eso no lo sé bien - dijo Nata, huyendo del asunto -. Parecen cosas del Oriente, de Rusia, de India, no sé.

- Mas eso es un sueño, Nata. Leo muchos libros de historia de esos países, son siempre interesantes, pero es solo eso.

- No lo es. Es muy diferente, porque...

Se interrumpió recordando que Rose debía ignorar lo sucedido, para no tener más crisis como las que sucedieron.

- Sí, debe ser solo un sueño.

Entonces fue Rose quien no se conformó e insistió, exigió.

- ¿Cómo que no es nada? Quiero saberlo.

- Es solo lo que ya dije, no hay nada más.

– No lo acepto. Estás ocultando algo. Quiero saberlo ahora - exclamó Rose, tomando las manos de Nata, haciéndola sentarse a su lado -. Cuéntame lo que sabes, no le diré nada a nadie.

Nata nunca había podido, hasta entonces, engañar a Rose y resistirse a su voluntad, fuese lo que fuese, y terminó hablando del asunto prohibido.

- El lunes retrasado, la niña se durmió y no despertó sino cuatro días después; antes ya había tenido sueños bastante prolongados. ¿Cree que es algo sencillo, que todo el mundo lo hace?

- ¿Quieres decir que la última vez me dormí por cuatro días? Te juro que no sabía de eso. Nadie me dijo nada.

– Hasta el día de hoy no salió de su cuarto, no recibió a nadie de fuera, a no ser por el Doctor. Aquí todos tienen orden de mantener la boca cerrada. Es por eso. Yo se lo conté porque usted me lo ordenó, pero estoy segura que doña Roberta me va a castigar.

- Hablaste porque te lo ordené. Nadie te va a castigar, te lo garantizo. Pero, ¿sabes por qué dormí tanto?

- No lo sé, pero escuché una conversación de su madre con el Dr. Fernando, y él dijo que usted se emocionó con la graduación o se molestó con algo serio.

- ¿Estuviste siempre aquí mientras yo dormía?

- La primera vez, no; se quedó Domitila, pero la última vez me quedé y no me moví.

- ¿Es por eso que dices que hablo mientras duermo?

- Hablar, siempre habla, pero no fue solo eso.

- ¿Qué quieres decir ahora? Habla claro, no me gustan los rodeos, lo sabes muy bien. Dilo todo de una vez.

- Esta vez, las cosas fueron diferentes, habló conmigo durante mucho tiempo, en ruso.

- ¿En idioma ruso? ¡Qué cosa extraña! No sé nada de ruso. ¿Qué fue lo que dije?

– Un mundo de cosas; contó la historia de una niña llamada Katia, una historia muy bonita.

– ¡No me lo digas! ¿Y recuerdas todo lo que te dije? ¿Puedes contarme todo de nuevo?

- Soy capaz de eso, tengo buena memoria.

– ¡Formidable! - Dijo Rose emocionada -. Mira, Nata, baja para allá; ve quién está ahí y quién no. Si preguntan por mí, diles que estoy bien, pero que no quiero ver a nadie y traerás comida aquí cuando te lo diga.

¿Entiendes? Ve y vuelve pronto.

Nata bajó y regresó poco después, algo aprensiva; ¿qué iba a decir que no lastimaría a Rose? Pero ¿cómo desobedecer su orden?

– Todo está tranquilo. Doña Roberta fue de compras. Su padre llamó porque almorzará en la ciudad.

– Excelente. Me muero de curiosidad. Puedes comenzar, y mira, no cortes nada; quiero todo poco a poco; ¿lo prometes?

– Pero esto cansará mucho, niña; es una historia muy larga llena de complicaciones.

– Eso no es problema; cuando me canse te avisaré y descansaremos.

Vamos; comienza.

✳ ✳ ✳

La historia, al fin

Nata empezó a contarle desde el principio, incluyendo las instrucciones que había recibido de Roberta y el Dr. Fernando, para hablar en ruso con Rose, quien amaneció hablando ese idioma y sabiendo que era Katia; y luego profundizó en la narración, con extraordinaria precisión y fidelidad, demostrando una memoria excepcional.

La narración interesó a Rose desde las primeras palabras y cuando Nata mostró cansancio, le dijo que parara y luego podrían continuar, llegando así hasta el final. Solo entonces quedó satisfecha quedó maravillada de lo que había oído.

Había pasado todo el día y el anochecer ya entraba en la habitación, oscureciendo las cosas, cuando Nata bajó a cenar. Rose, tumbada en el sillón, ni siquiera se dio cuenta. Meditaba sobre los sorprendentes acontecimientos que merecían el análisis profundo y que requería mucho tiempo.

Tomó una comida ligera y volvió a pensar en el caso, tratando de comprender el fenómeno inusual que había ocurrido con ella.

- Ya leí algo al respecto, pero ¿dónde?

Se levantó y comenzó a hojear apresuradamente algunos volúmenes que había leído antes, examinando los títulos de los capítulos y los índices. Finalmente encontró un libro doctrinario espírita, también ofrecido por Bend, que le proporcionó la clave del problema. Fue en el punto donde el autor argumentó sobre fenómenos mediúmnicos, titulado bilocación, bicorporiedad y personalidad dual, con una nota final sobre la regresión de la memoria.

Allí estaba el sector en el que debería clasificarse su caso.

Leyó las definiciones, pero vio que el problema era más complejo de lo que parecía, debido a las correlaciones entre las diferencias entre lo diferentes casos. Eran temas difíciles y delicados que requerían conocimientos que ella no poseía.

Entonces recordó a Bend. Él sería el único que le podía dar las explicaciones necesarias; pero, ¿cómo hablar con él? Eso se hacía un problema difícil, mayormente en las actuales circunstancias, en que su estado de salud preocupaba a sus padres y también debido a las prohibiciones de reunirse con sus amigos. Imaginó mil formas y no se decidió por ninguna.

Por fin se decidió y ordenó a Nata que llamara a Roberta.

eso lo sabes bien..

Esperó de pie junto a la ventana, quería dar la impresión verdadera que estaba completamente restablecida y psiquiátricamente equilibrada.

- ¿Pediste que viniese a verte? No he venido más veces porque tú misma pediste que así fuese. Pero, ¿qué deseas?

- Es lo siguiente, mamá: creo que hay un interés general par que consolide rápidamente mi estado de salud, sin peligro de nuevas crisis, como las de estos días. ¿Estoy correcta pensando así?

- Naturalmente, es lo que todos queremos

- Muy bien. Quiero decirte que ya estoy al tanto de todo lo que pasó, de lo que pensaron respecto a mí, de que hablé en ruso, mientras estaba en trance y también del internamiento en un sanatorio.

- Nunca autorizaría eso, Rose, todos saben que me opuse. Pero, ¿cómo supiste de estas cosas?

- Le ordené a Nata que me contara, ella se negó, diciendo que estaba prohibida y no quería obedecer, pero insistí en que estaba en el momento adecuado como lo estaba haciendo, dije que luego me entendería contigo, como lo estoy haciendo ahora.

– Nata hizo muy mal; no debía haberte dicho nada.

- Ya te dije, mamita, yo soy la única responsable; la forcé a hablar y. ya sabes, ella está acostumbrada a no negarme nada.

- Está bien, Rose. De nada sirve hablar de eso. Como veo que ya estás bien, el resto es secundario.

- Gracias, mamita. Como te iba diciendo, para que esas crisis nerviosas no se repitan, preocupando a todos, quiero explicar que se trata de un fenómeno psíquico, natural para las personas como yo que poseen esas posibilidades.

- ¿Posibilidades de qué? No entiendo, niña. Habla claro.

- De abandonar el cuerpo como si estuviese durmiendo y, en ese estado, como sucede en los sueños, ver cosas del pasado, para luego regresar al estado normal, sin ningún peligro, siempre y cuando todo se realice bajo ciertas reglas, especialmente de seguridad; esta seguridad, de alguna manera, por de alguna manera, Nata no se apartó de mí y yo no me resentí.

- Pero, Dios mí, ¿a dónde quieres llegar, Rose?

– Como es la primera vez que esto sucede y no estoy muy familiarizada con el tema, necesito informarme a mí misma y a la única persona; a quién puedo recurrir para esto es a mi amigo Bend, a quien conoces y que estuvo aquí, a petición de los médicos, uno de estos días.

– Si lo autorizas, él vendrá aquí, a mi llamada, y hablaré con él, para evitar que se repitan estas crisis, sin que haya complicaciones por parte de los médicos, los exámenes, los psiquiatras y todos ustedes. Seguirá siendo una cosa, entre nosotras dos, y ni siquiera papá necesita saber nada. ¿Estás de acuerdo?

– Sabes bien que tu padre no autoriza estas reuniones, especialmente ahora.

– Sé de eso. Pero, ¿Bend no vino aquí, como dije, cuando los médicos lo llamaron? Porque el motivo sigue siendo mi salud, como antes, con la diferencia que ahora soy yo quien llama, para aclararme y no el médico. Cuento contigo mamá, porque quiero estar tranquila sobre ciertos detalles que se me escapan y necesito saberlos para defenderme mejor.

– Pero Rose; no podemos ocultar que este chico vuelva sin el consentimiento de tu padre y él va a incriminarme, y con razón; es una especie de traición, ¿no lo entiendes?

– Claro que lo entiendo, pero es la forma más fácil.

– Pero no quiero que tu padre se enoje conmigo.

– Está bien mamá, tienes tus razones; lo solucionaré de otra manera.

- ¿Qué piensas hacer?

- Simplemente me vestiré y saldré con Nata a buscar a Bend, donde sea posible hablar con él sobre eso.

- No, eso no. Entonces prefiero que venga aquí. A las finales, ya casi eres mayor de edad, eres graduada, y debes saber lo mejor que te conviene. Yo me las arreglaré con tu papá.

- Excelente, mamita. Va a ser muy sencillo, déjalo por mi cuenta; Nata y yo nos encargaremos de todo. Gracias, mamita - dijo Rose, besando a Roberta, lo que hacía mucho tiempo no hacía.

Roberta se quedó emocionada en ver a su hija actuar como antes y lágrimas brillaron en sus ojos.

- Entonces, has todo así; pero, las cosas claras, no necesitas ocultar nada.

- Sí, mamita, eres un ángel – le dijo, acariciando nuevamente a Roberta que estaba saliendo del cuarto.

- Nata querida, ahora somos nosotras dos - le dijo a la criada que escuchara toda la conversación. Telefonea desde la salita. ¡Vámonos rápido, mujer, que lo extraño mucho!

Bend estaba en casa y prometió atender en una hora.

* * *

Definiciones

Cuando llegó, Nata lo acompañó a la salita. Se veía en su rostro que estaba feliz, alegre, contento, por saber que Rose lo necesitaba y ya estaba bien. Hasta ese entonces ignoraba lo que pasaba con ella, siempre encerrada en su palacete, incluso pensaba que estaba internada. Como la última vez que la viera, ya estaba con los ojos pegados a la puerta al final del pequeño pasillo.

– Bend, mi querido Bend, ¿cómo estás? – Dijo Rose entrando y extendiéndole las manos -. Necesito mucho hablarte, sobre un montón de cosas que tú ya sabes, ¿verdad?

– Sé lo poco que el Doctor me reveló cuando vine aquí. Pero primero quiero decirte de mi alegría, al ver que finalmente superaste la crisis y estás linda como siempre. ¡Cómo te extrañe, ni te lo imaginas!

- Sí, te creo y te agradezco mucho.

- Pero primero vayamos a conversar sobre el asunto más importante, para aprovechar el tiempo, antes que haya alguna interrupción.

Sentados uno frente al otro, se miraban a los ojos, dejando fluir de ellos todo el amor que se dedicaban mutuamente. Rose le había ordenado a Nata que se mantuviera en el cuarto, con la puerta abierta, de manera que los dos estuvieran cómodos comunicándose entre sí y todo lo que fuese dicho la tendría a ella como testigo fiel y escrupuloso.

Rose le expuso a Bend todo lo que ocurriera, desde el principio de las crisis que la sumergiera, una vez como Rose, otras como Katia.

- ¿Quién es Katia? No la conozco.

- Por eso te llamé, para aclarar conmigo este problema, que no puedo resolver sola.

- Cuéntame entonces todo desde el comienzo.

Rose llamó a Nata.

- Ella te contará mejor que yo, porque escuchó todo, cuando yo hablaba como yo misma o como Katia. Disculpa, Nata querida, pero es necesario que le repitas todo a Bend.

- No serán necesarios muchos detalles - intervino Bend -, es suficiente con lo principal.

- Sí, señor, así es más fácil y es menos agotador.

Así animada, Nata repitió todo desde el principio, resumiendo lo mejor que pudo.

Bend, al final del relato, hizo varias preguntas a Rose y pareció bien informado al respecto al caso y por último preguntó cómo se sentía al despertar del trance, en el cuerpo y en el espíritu, y si al despertar como Katia sentía poseer sentimientos diferentes a los que sentía como Rose; ella respondió que, después de despertar finalmente, ya como Rose, sentía un gran cansancio físico y abatimiento psíquico, el cuerpo congelado, endurecido y con la cabeza muy confundida; y en cuanto a los sentimientos, no notó ninguna diferencia y le parecía que, aun siendo Katia, en aquella época, por lo que revelara sus sentimientos eran buenos, llenos de tolerancia para unos y otros y amorosos, para amigos y parientes.

Bend meditó sobre esta información y luego dijo:

– Lo que podría preguntar, ya lo he preguntado y creo que puedo formarme una opinión sobre su problema. ¿No has estado estudiando espiritualismo últimamente?

– Sí, lo estaba; y también sobre Espiritismo, ¿no recuerdas haberme dado libros sobre eso?

– Claro que sí; lo recuerdo muy bien. Entonces todo es favorable y, en este caso, puedo resumir mucho mis conclusiones, porque podrás entenderlas sin demasiadas explicaciones.

– ¿Qué dices Bend, especialmente sobre el Espiritismo?

– Puedo resumir diciendo que el Espiritismo popularizó el conocimiento espiritual y, por tanto, aceleró la evolución humana en el sector religioso, con las implicaciones naturales que tiene en la filosofía y la ciencia. Aunque tiene grandes proyecciones en estos dos últimos sectores; sin embargo, es esencialmente religioso, porque no le fue dado al hombre sublimarlo en estos sectores, apuntando a la redención, sino en el primero; por eso su base fundamental está en el Evangelio de Jesús y solo el Evangelio cambia al hombre, preparándolo para eso.

Y para ello, basta mirar lo que se está haciendo en Brasil para comprender que esto ya está sucediendo a gran escala.

La mayor preocupación de la Doctrina es el culto interno, el del espíritu, su preparación a esta redención.

Y en cuanto al sector de los fenómenos, puedo decir que el Espiritismo abarca una inmensa área de manifestaciones, en los diversos planos del mundo invisible; y no siempre puedes clasificarlos de manera estándar, incluso porque existen innumerables correlaciones, que contribuyen a formar un todo complejo, que los fenómenos que surgen, muchas veces requieren exámenes meticulosos antes de ser interpretados en sus aspectos exteriores y esenciales.

En cuanto a ti, todo lo que ocurre, a mi modo de ver, cae dentro de una clase de fenómenos llamados desdoblamiento de la personalidad, que no son más que exteriorizaciones del propio espíritu encarnado, exteriorización; es decir, fuga, desconexión parcial del cuerpo orgánico, ganando así el espíritu una cierta libertad.

Sabes que, normalmente, en el estado de vigilia, el espíritu, a través del periespíritu; es decir, del cuerpo espiritual, está aprisionado en el cuerpo orgánico y, en el sueño, obtiene un pequeño e inconsciente desdoblamiento, cuyo objetivo principal es permitir un período sistemático de descanso al sistema orgánico. En los casos mediúmnicos, como debe ser el tuyo, el trance hace que las neuronas del cerebro se apaguen y el espíritu se aleje del cuerpo físico, más o menos ampliamente, según el caso; pero sea lo que sea, lo cierto es que la mente periespiritual se desconecta del cerebro físico y pasa a registrar los acontecimientos del mundo espiritual que la rodea, en el que el espíritu exteriorizado, ejerce una actividad propia, ve, escucha, habla, siente, piensa, como si estuviese en el cuerpo orgánico.

Durante el sueño, es común, la permanencia en este es, normalmente, corta, según las exigencias del sistema encarnado, pero en los desdoblamientos psíquicos conscientes o provocados, el tiempo de permanencia varía de forma imprevisible y muchos factores intervienen en su curso.

Creo que tu problema puede ser clasificado como un desdoblamiento y, como veremos, el tiempo de permanencia fue de 2 a 4 días, ¿verdad?

Pero, en ese sector de los desdoblamientos, ocurren muchos fenómenos diferentes que poseen aspectos muy diferenciados, y esas diferencias los caracterizan. Es lo que vamos a hacer, examinando uno por uno, hasta identificar tu problema por el proceso de eliminación. Me refiero a las cuatro modalidades más comunes que son: bilocación, bicorporiedad, doble personalidad y regresión de memoria.

  Aquí Rose lo interrumpió y eso fue buena, para hacer una derivación mental, sobre todo para que ella que aun estaba con la mente un poco fatigada. Bend lo comprendió y guardó silencio.

  - Santo Dios, Bend, ¡hablas como un catedrático! Leí hoy un poco sobre eso. Sé que entiendes mucho sobre esos temas, pero no me imaginaba que sabías tanto. Sé que hiciste toda una verdadera iniciación en centros de estudio y práctica. ¿Es verdad?

  - Sí, en parte es verdad. De hecho, frecuento organizaciones espíritas de elevado carácter y respetabilidad y he aprendido muchas cosas útiles. Pero vamos a continuar en nuestro examen sintetizando lo más posible para no parecer pedantes científicamente. Toma un papel y vas anotando y haciendo una sinopsis para tu propio uso.

    ¿Puedo continuar? ¿Descansaste?

    - Sí, por favor, continua.

    Bilocación – Manifestación del espíritu desdoblado en dos lugares diferentes casi al mismo tiempo. Después podrás verificar en los tratados, porque estoy hablando de memoria.

Es evidente que este fenómeno no se condice con tu caso, porque no te manifestaste, desdoblada, en *dos lugares diferentes y aparentemente al mismo tiempo*. Siempre te manifestaste aquí, en tu casa, tanto como Rose, como Katia.

    Bicorporiedad – También, a mi manera de ver no se aplica a tu caso, porque tú, el espíritu encarnado, no te manifestaste en *dos cuerpos diferentes*, aquí o en otros lugres, pero siempre en el tuyo propio.

    Doble Personalidad – Fenómeno según el cual el espíritu encarnado se manifiesta con personalidades diferentes en períodos de tiempo diferentes personalidades, ahora con una personalidad o con otra, con modales diferentes, costumbres y hábitos, y características personales de aquellas que le son propias.

Esta modalidad creo que se adecúa a tu caso. Por dos veces te presentaste bajo la personalidad de Katia, la joven rusa, que vivió en el teatro de la invasión napoleónica en 1812 y volviste a manifestarte días después en tu propia personalidad actual como Rose Ramires. Primeramente, encarnada como Katia y años después como Rose. Pero, ¿ese no es un fenómeno normal de reencarnación? Te puedes preguntar. Si fuese solamente eso, no habría ningún problema, pero sucedió que tú, como Rose, de nuestro tiempo, reviviste la vida de Katia, de 1812, con impresionante fidelidad de detalles, como si estuvieses allí ahora, viviendo bajo los acontecimientos de ese año remoto. ¿Comprendes? Hay mucha diferencia.

Para narrar, como lo narraste, hechos que no estaban registrados en tu memoria actual, ¿cómo fue que lo hiciste? ¿Qué habría sucedido?

Si tales sucesos estuviesen registrados en tu actual subconsciente, formarían un voluminoso bloque de recuerdos que, forzosamente, por varias razones, se manifestarían, interfiriendo en la vida mental todos los días, saliendo a luz del consciente, por asociación de ideas, por manifestación ordinaria de la memoria, o, incluso, por inducción y nada de eso, que yo sepa, sucedió.

¿De dónde, entonces, habrían venido? Simplemente de la mente mayor, existente fuera del sistema encarnado y que registra todos los acontecimientos de las vidas sucesivas a través de las reencarnaciones y con la cual el espíritu encarnado puede integrarse, temporalmente, en determinadas circunstancias, aunque son muy raras.

Esta mente mayor se confunde muy bien con el Ego del Esoterismo con el que, según enseña, el espíritu encarnado tiene relaciones muy ocasionales y del cual la mente encarnada es solamente una proyección inferior.

Cuando encarnamos, de todas las reminiscencias existentes en la mente mayor, solo traemos una parte, la que es necesaria para el programa de reencarnación actual y el resto queda registrado en esta mente matricial, de la cual, de hecho, la mente más pequeña que utilizamos, es una proyección.

Esta versión es positiva para su caso, se adecúa perfectamente: tu trance liberó al espíritu, éste se integró momentáneamente a la mente mayor y volvió a vivir las reminiscencias allí registradas, referentes a los acontecimientos que describiste.

    -Formidable, Bend, entendí todo, ahora todo quedó aclarado.

    - Pero espera, aun avancemos, nos falta ver las regresiones.

Regresión de memoria - Fenómeno psíquico según el cual la mente humana, bajo la influencia de una forma extraña – magnético– hipnótica –, extrae del sector subconsciente y trae a la superficie del consciente, reminiscencias archivadas de acontecimientos pasados relacionados con el médium; comúnmente provoca un regreso de la mente a la infancia del médium; también es posible, y en circunstancias más especiales, ampliar el regreso más allá de la frontera de la tumba, recordando hechos de vidas anteriores. En el primer caso, es claro que se utiliza el operador de los archivos de la mente menor, la actual del médium y, en el segundo, el fenómeno solo se produce cuando se utilizan los archivos de la mente mayor, lo cual es más raro y depende de la ayuda de espíritus desencarnados, debidamente autorizados para facilitar la integración.

Analizando detenidamente el problema en sus distintos aspectos, veremos que esta modalidad tampoco se aplica a tu caso, porque para este fenómeno de regresión es indispensable, en primer lugar, la interferencia de un operador encarnado – casi siempre un hipnotizador -, para actuar sobre ti y eso nunca ocurrió; en segundo lugar, porque la regresión se restringe a reminiscencias existentes en el subconsciente del médium y no se pueden revelar eventos pasados, que solo existen en la mente mayor; por otro lado, la regresión no puede alcanzar ni revelar cosas íntimas, sentimientos y pensamientos que existieron fuera de la mente actual, excepto en el caso de la reintegración a la mente mayor; pero como hemos visto, no estabas bajo la influencia de nadie que te llevara a este estado.

Además de estos fenómenos, para las revelaciones del pasado, también se podrían mencionar las proyecciones ideoplásticas y las grabaciones etéreas. Examinemos estos recursos restantes.

Proyecciones ideoplásticas - Tampoco podemos aceptar esta modalidad, porque las imágenes ideoplásticas, proyectadas en las auras de las personas, o en los ambientes en los que actúan, por espíritus de mayor o menor capacidad mental creativa, no podrían tener la riqueza de detalles, el colorido multiforme, el toque de sentimientos íntimos, la secuencia, disposición y sonido de innumerables palabras, que dialogan y muestran paisajes tan amplios, en períodos de actividad y de tiempo tan largos, por regla general, estas imágenes son muy utilizadas en obras espirituales, especialmente espíritas, y casi siempre diseñados para ser vistos por médiums psíquicos y descrito a asistentes, lo que creo que tampoco sucedió en tu caso.

- Claro que no, no soy vidente – dijo Rose.

- Entonces lo que nos quedaría por examinar son las grabaciones etéreas.

Grabaciones Etéreas - De todos los fenómenos es el más elevado y perfecto. Es la presencia de Dios en toda su creación y en todas las manifestaciones, por más pequeñas que sean, de los seres creados, presencia en todo lo que vive y palpita en los universos. La luz eterna registra y graba todo, con estupenda minuciosidad, fidelidad y rigor cronológico y en eterna permanencia, pudiendo en cual momento, revelar los acontecimientos del pasado y de todo lo que ya existió, en la eternidad del tiempo.

Examinando esta modalidad de fenómeno, es necesario considerar, en primer lugar, que la consulta a esos archivos solo se puede dar en circunstancias especiales que la justifiquen y por interferencia de entidades espirituales de mayor jerarquía.

En tu caso, ¿podríamos admitir que existen méritos para gozar de tal privilegio? Tal vez sí, los sacrificios que has hecho en beneficio de tus semejantes, en el largo período de tiempo en que fuiste novicia en el monasterio de Kiev y las posibilidades que presentas en el campo mediúmnico y que deben ser puestas al servicio de la Humanidad, pero que aun no lo hicieron deliberadamente. ¿Quién podría saberlo?

Pero el hecho de que los hechos hayan sucedido, con un trance tan prolongado, y de que hayas podido revelar, con tal fidelidad, lo que sucedió, en una encarnación tan remota, hablan mucho, en mi sincera opinión, e indican la existencia de tareas mediúmnicas que te esperan y que deben ser realizadas en el futuro.

Así como ves - dijo Bend -, hemos revisado las diferentes modalidades de fenómenos propios al sector de los desdoblamientos psíquicos. ¿Cuál será el principal? ¿Qué dices al respecto?

– ¿Yo? ¡Qué pregunta tan halagadora! De hecho, estoy atónita por tanta sabiduría de tu parte y por la complejidad del problema. ¿Cómo quieres que te dé mi opinión? Tú eres quien debe hacerlo, porque eso implica conocimientos que solo tú tienes y no yo.

– Bueno, te diré: en tu caso, creo, que es en realidad una doble personalidad. Tu estado emocional, debido a molestias, desilusiones, aborrecimientos, deseos de espiritualización, mediumnidad latente, todo esto favoreció la exteriorización del espíritu y la integración temporal con la mente mayor, con recuerdos de eventos de tu última encarnación en Rusia.

Esta opinión mía es también fruto de la prudencia, porque no tenemos elementos para juzgar los méritos que permitirían el acceso a los archivos de luz Etérea. Este es mi punto de vista. ¿Estás satisfecha?

– ¡Qué pregunta, Bend! Estoy radiante de alegría; no solo porque me iluminaste, sino también porque me abriste un campo de posibilidades y esperanzas para aplicar mis energías espirituales. Tomemos ahora el té juntos; te mereces este descanso y, sobre todo, estoy feliz, porque estamos nuevamente juntos recordando, sin más trance que el de cariño, los días felices que vivimos en la Universidad. Por cierto, con la intensidad de los sentimientos que nos rodeaban, nos olvidamos de Carlos. Te pido que le expreses mi anhelo y mi cariño eterno.

EPÍLOGO

Después que Bend se fue, Rose regresó a la habitación y encontró a Nata dormida en su sillón; la llamó y le dijo que se fuera a su habitación y descansara todo lo que quisiera porque, en cuanto a ella, Rose, se encontraba perfectamente bien y recuperada.

Se estiró en la cama para pensar en la entrevista con Bend. Ella lo vio claramente, como con los ojos de la carne y sintió, con una intuición profunda y firme, que su amor por él sería, en unos días, correspondido y oficialmente consolidado.

En la ciudad, las luces se encendían y el tráfico ya hacía oír su ruido sombrío y continuo, que caracterizaba el *"rush"* diario que comenzaba.

Con ese ruido entumecedor le resultó más fácil conciliar el sueño, imaginando cosas hermosas y misteriosas que la esperaban en el futuro. Ya sabía, positivamente, que poseía facultades mediúmnicas, las mismas que hicieron posible el prolongado y profundo trance durante el cual reprodujo su vida como Katia, en la Rusia de los zares, hacia más de un siglo; las mismas fuerzas que, en ese momento, estaba en oración desde lo más profundo de su alma, poniéndose a disposición del Divino Maestro, para la obra dignificante de la experiencia evangélica para el bien de la Humanidad. Y pensaba: ¿cuántos ya han pasado por los mismos caminos de sacrificio que ahora emprenderé yo? Y cuántos otros estarían, como ella ahora, dispuestos a presenciar en la Tierra la excelencia de las enseñanzas del Divino Redentor.

Una vez más recordó a Bend, el más querido de su corazón, pero no lo vio solo: dejándolo, detrás, fuera de la vista, había un hilo azul, muy fino, vibrante y luminoso que, a cierto punto, brilló más ampliamente sobre un cuerpo tirado en la nieve, abandonado en el camino; el cuerpo de Marco. Y continuando el hilo luminoso cayó sobre otro hombre, más maduro, parado en la puerta de su casa, saludándola con las manos cruzadas sobre el pecho, dentro del haz de luz más fuerte de su linterna: Ravana, quien le había advertido sobre lo que estaba ocurriendo ahora.

Y entonces comprendió todo con claridad y vio que el pasado y el presente se unían para ofrecerle la felicidad del futuro; y cómo la ley divina coloca siempre en nuestro camino a quienes amamos, para que nuestros afectos crezcan, se purifiquen y se consoliden en la eternidad.

Y con estos pensamientos, suaves y profundos, finalmente se durmió, para despertar al día siguiente, como un ser diferente, maduro para la vida; como Rose – el espíritu médium –, el instrumento de las revelaciones del plan mayor, por los hombres que sufren de este triste mundo.

CONCLUSIÓN

Sin embargo los problemas de la espiritualidad son vistos o incluso negados o despreciados por el materialismo, aun inmaduro para esta comprensión y experiencia, las leyes espirituales son las que regulan la vida y evolución de los seres vivos; y a través de ellos, en los grados inferiores de ascensión, los hombres serán periódicamente juzgados y guiados hasta integrarse definitivamente en ellos.

FIN

Grandes Éxitos de Zibia Gasparetto

Con más de 20 millones de títulos vendidos, la autora ha contribuido para el fortalecimiento de la literatura espiritualista en el mercado editorial y para la popularización de la espiritualidad. Conozca más éxitos de la escritora.

Romances Dictados por el Espíritu Lucius

La Fuerza de la Vida

La Verdad de cada uno

La vida sabe lo que hace

Ella confió en la vida

Entre el Amor y la Guerra

Esmeralda

Espinas del Tiempo

Lazos Eternos

Nada es por Casualidad

Nadie es de Nadie

El Abogado de Dios

El Mañana a Dios pertenece

El Amor Venció

Encuentro Inesperado

Al borde del destino

El Astuto

El Morro de las Ilusiones

¿Dónde está Teresa?

Por las puertas del Corazón

Cuando la Vida escoge

Cuando llega la Hora

Cuando es necesario volver
Abriéndose para la Vida
Sin miedo de vivir
Solo el amor lo consigue
Todos Somos Inocentes
Todo tiene su precio
Todo valió la pena
Un amor de verdad
Venciendo el pasado

Otros éxitos de Andrés Luiz Ruiz y Lúcio

Trilogía El Amor Jamás te Olvida
La Fuerza de la Bondad
Bajo las Manos de la Misericordia
Despidiéndose de la Tierra
Al Final de la Última Hora
Esculpiendo su Destino
Hay Flores sobre las Piedras
Los Peñascos son de Arena

Otros éxitos de Gilvanize Balbino Pereira

Linternas del Tiempo
Los Ángeles de Jade
El Horizonte de las Alondras
Cetros Partidos
Lágrimas del Sol
Salmos de Redención

Libros de Eliana Machado Coelho y Schellida

Corazones sin Destino

El Brillo de la Verdad

El Derecho de Ser Feliz

El Retorno

En el Silencio de las Pasiones

Fuerza para Recomenzar

La Certeza de la Victoria

La Conquista de la Paz

Lecciones que la Vida Ofrece

Más Fuerte que Nunca

Sin Reglas para Amar

Un Diario en el Tiempo

Un Motivo para Vivir

¡Eliana Machado Coelho y Schellida, Romances que cautivan, enseñan, conmueven y
pueden cambiar tu vida!

Romances de Arandi Gomes Texeira y el Conde J.W. Rochester

El Condado de Lancaster

El Poder del Amor

El Proceso

La Pulsera de Cleopatra

La Reencarnación de una Reina

Ustedes son dioses

Libros de Marcelo Cezar y Marco Aurelio

El Amor es para los Fuertes

La Última Oportunidad

Nada es como Parece

Para Siempre Conmigo

Solo Dios lo Sabe

Tú haces el Mañana

Un Soplo de Ternura

Libros de Vera Kryzhanovskaia y JW Rochester

La Venganza del Judío

La Monja de los Casamientos

La Hija del Hechicero

La Flor del Pantano

La Ira Divina

La Leyenda del Castillo de Montignoso

La Muerte del Planeta

La Noche de San Bartolomé

La Venganza del Judío

Bienaventurados los pobres de espíritu

Cobra Capela

Dolores

Trilogía del Reino de las Sombras

De los Cielos a la Tierra

Episodios de la Vida de Tiberius

Hechizo Infernal

Herculanum

En la Frontera

Naema, la Bruja

En el Castillo de Escocia (Trilogía 2)

Nueva Era

El Elixir de la larga vida

El Faraón Mernephtah

Los Legisladores
Los Magos
El Terrible Fantasma
El Paraíso sin Adán
Romance de una Reina
Luminarias Checas
Narraciones Ocultas
La Monja de los Casamientos

Libros de Elisa Masselli
Siempre existe una razón
Nada queda sin respuesta
La vida está hecha de decisiones
La Misión de cada uno
Es necesario algo más
El Pasado no importa
El Destino en sus manos
Dios estaba con él
Cuando el pasado no pasa
Apenas comenzando

Libros de Vera Lúcia Marinzeck de Carvalho y Patricia

Violetas en la Ventana

Viviendo en el Mundo de los Espíritus

La Casa del Escritor

El Vuelo de la Gaviota

Vera Lúcia Marinzeck de Carvalho y Antônio Carlos

Amad a los Enemigos

Esclavo Bernardino

la Roca de los Amantes

Rosa, la tercera víctima fatal

Cautivos y Libertos

Libros de Mónica de Castro y Leonel

A Pesar de Todo

Con el Amor no se Juega

De Frente con la Verdad

De Todo mi Ser

Deseo

El Precio de Ser Diferente

Gemelas

Giselle, La Amante del Inquisidor

Greta

Hasta que la Vida los Separe

Impulsos del Corazón

Jurema de la Selva

La Actriz

La Fuerza del Destino

Recuerdos que el Viento Trae

Secretos del Alma

Sintiendo en la Propia Piel

Otros Libros de Valter Turini y Monseñor Eusébio Sintra

Isabel de Aragón, La reina médium

El Monasterio de San Jerónimo

El Pescador de Almas

La Sonrisa de Piedra

Los Caminos del Viento

Si no te amase tanto...

World Spiritist Institute

www.ingramcontent.com/pod-product-compliance
Lightning Source LLC
LaVergne TN
LVHW041951070526
838199LV00051BA/2983